国家自然科学基金项目（72201114、71863015）
国家社会科学基金重大项目（20ZDA047）
江西省教育厅科学技术研究项目（GJJ200528）

互联网对制造企业价值创造的影响研究

——基于要素配置视角

徐远彬 ◎ 著

A STUDY OF THE IMPACT OF THE INTERNET ON VALUE CREATION IN MANUFACTURING FIRMS:

BASED ON A FACTOR ALLOCATION PERSPECTIVE

经济管理出版社
ECONOMY & MANAGEMENT PUBLISHING HOUSE

图书在版编目（CIP）数据

互联网对制造企业价值创造的影响研究：基于要素配置视角/徐远彬著 . —北京：经济管理出版社，2022.7
ISBN 978-7-5096-8568-6

Ⅰ.①互⋯　Ⅱ.①徐⋯　Ⅲ.①互联网络—影响—制造工业—工业企业管理—研究—中国　Ⅳ.①F426.4

中国版本图书馆 CIP 数据核字（2022）第 118134 号

组稿编辑：张巧梅
责任编辑：张巧梅
责任印制：黄章平
责任校对：王淑卿

出版发行：经济管理出版社
　　　　　（北京市海淀区北蜂窝 8 号中雅大厦 A 座 11 层　100038）
网　　址：www. E-mp. com. cn
电　　话：（010）51915602
印　　刷：唐山玺诚印务有限公司
经　　销：新华书店
开　　本：720mm×1000mm/16
印　　张：11
字　　数：175 千字
版　　次：2022 年 10 月第 1 版　　2022 年 10 月第 1 次印刷
书　　号：ISBN 978-7-5096-8568-6
定　　价：88.00 元

前 言

　　制造业是国民经济的主动脉，制造业的良好发展有利于保障我国经济平稳健康运行。改革开放以来，凭借制度、成本等优势，我国制造业经过几十年的快速发展，取得了一系列显著成效，技术不断成熟、规模不断扩大，产业竞争力得到快速提升。然而，近年来我国经济发展进入新常态，制造业所处的内在和外在环境也在发生变化，一方面，中高端产品供给能力不能满足日益升级的消费结构带来的消费需求变化，消费潜力不能得到有效释放；另一方面，土地、劳动力等生产要素成本快速上涨，使得制造业转型升级面临挑战。我国制造业正处在迫切需要转变发展方式、优化经济结构和转换增长动力的关键时期。与此同时，自互联网出现以来，我国互联网发展水平不断提升，尤其是近年来互联网发展水平呈指数增长，我国已成为全球最大的互联网国家。在互联网快速发展过程中，各个行业均不断加深对互联网的应用，尤其是制造业正在加快与互联网的深度融合。目前，互联网与制造业融合发展正成为制造业未来的发展方向，这一改变不仅关系到制造企业成长，也是新时代背景下互联网影响制造企业价值创造的现实基础。特别地，制造企业不断增加对互联网的使用力度，由此带来要素投入和使用方式的变化，改变制造企业要素配置，从而影响制造企业价值创造水平。由此，基于要素配置视角探究互联网与制造企业价值创造之间的内在联系，有助于理解互联网与制造业深度融合背景下的制造企业价值创造的新思路，为如何利用互联网助推制造业转型升级提供参考。

基于上述背景，本书从要素配置视角分析互联网对制造企业价值创造的影响，从理论分析和实证检验两方面对作用机理展开研究。在理论研究上，对要素配置视角下的互联网与制造企业价值创造的作用机制进行了分析，理论分析包括以下四部分内容：第一，对本书研究涉及的相关概念进行界定。第二，研究互联网对制造企业价值创造环节的影响。本部分将互联网作为一种重要投入，研究互联网在制造企业价值创造过程中各个环节所起的作用，具体分析了互联网对制造企业的研发环节、生产环节、营销环节以及服务环节的影响机制。第三，研究互联网、要素配置结构与制造企业价值创造之间的关系。本部分基于数理模型，分析了互联网如何通过劳动力结构影响制造企业价值创造，同时还分析了互联网如何影响资本和劳动力之间的结构，以及互联网如何通过资本劳动力结构影响制造企业价值创造。第四，研究互联网、要素配置效率与制造企业价值创造之间的关系。本部分分析互联网对要素配置效率的影响以及互联网如何通过要素配置效率影响制造企业价值创造。

　　在理论分析的基础上，本书对理论分析部分提出的研究假设进行了实证检验，本书主要得出以下研究结论：

　　第一，实证检验互联网对制造企业价值创造环节的影响，结果表明：互联网会影响制造企业价值创造的各个环节，制造企业在生产环节使用互联网对价值创造的影响、制造企业在营销环节使用互联网对价值创造的影响以及制造企业在服务环节使用互联网对价值创造的影响均表现出显著的正向促进作用。经过稳健性检验以及内生性问题处理后，上述研究结论依然成立。

　　第二，实证检验互联网、劳动力结构与制造企业价值创造作用机制之间的关系，结果表明：互联网对制造企业价值创造有促进作用，即制造企业使用互联网程度越高，越有利于价值创造水平的提升；机制检验发现，互联网会提升制造企业劳动力结构水平，制造企业对互联网使用水平越高，则企业使用高技能劳动力占比越高；同时，互联网会通过提高制造企业劳动力结构水平进而促进价值创造；异质性分析发现，互联网对国有制造企业劳动力结构升级的影响要大于对非国有制造企业劳动力结构升级的影响，互联网对消费制造企业劳动力结构的影响要大于对装备制造企业劳动力结构的影响。

第三，实证检验互联网、资本劳动力结构与制造企业价值创造作用机制之间的关系，结果表明：互联网有助于提升制造企业资本劳动力结构比例，即互联网水平越高，制造企业的资本劳动力的比值越大；在研究样本期内，互联网通过提升资本劳动力结构比例促进制造企业价值创造的作用机制不显著；所有制异质性分析表明，在互联网对国有制造企业和非国有制造企业的资本劳动力结构的影响中，对非国有制造企业的影响效果要强于对国有制造企业的影响效果；行业异质性分析表明，在互联网对装备类制造企业和消费类制造企业的资本劳动力结构的影响中，对消费类制造企业的影响要强于装备类制造企业。

第四，实证检验互联网、要素配置效率与制造企业价值创造作用机制之间的关系，结果表明：虽然样本量存在差异，但是互联网与制造企业价值创造之间的关系并没有改变。随着制造企业对互联网使用水平的提高，互联网有利于制造企业的价值创造这一结论依然成立；在研究样本期内，要素配置效率对制造企业价值创造存在正向促进作用，即要素配置效率越高，越有利于制造企业价值创造；互联网对要素配置效率存在负向影响，即制造企业使用互联网水平越高，要素配置效率越低。

第五，在研究结论的基础上，从以下五个方面提出了政策建议：一是加快网络基础设施建设；二是加快网络平台搭建；三是提高技术创新水平；四是加强人才引进和培养；五是完善金融服务体系。同时，限于笔者的能力和水平，书中对未来仍需进一步深入研究的问题进行了说明。

本书可能的创新点有以下三点：

一是关注互联网对制造企业价值创造的影响，拓展制造企业价值创造研究理论。在理论方面基于互联网这一新的研究切入点剖析制造企业价值创造的微观机制，对已有关于制造企业价值创造的理论进行了补充，是制造企业价值创造研究框架的一种拓展。二是从制造企业价值创造的研发、生产、营销以及服务等多个环节，论证了互联网对制造企业价值创造的促进作用。在分析互联网如何通过其他作用路径影响制造企业价值创造之前，本书分析了互联网在制造企业的研发环节、生产环节、营销环节以及服务环节发挥的重要作用，通过理论分析和实证检验证明互联网对制造企业价值创造环节的作用。三是从要素配置视角实证分析要素配置在互联网与制造企业价值创造间起到的作用。通过逻辑演绎和数理模型分析相结合的方法，阐述了互联网、要素配置与企业价值创造之间的作用关系，同时结合上市公司数据对劳动力结构、资本劳动力结构以及要素配置效率等作用机制进行了实证检验，即在要素配置这一逻辑框架下分析互联网与制造企业价值创造之间的关系。

目　录

1　引言

1.1　研究背景与意义

1.1.1　研究背景

在短短的十几年时间内，我国制造业规模快速增长。制造业增加值从 2004 年的 5174.85 亿美元增长到 2018 年的 26482.04 亿美元，制造业规模一直保持快速增长，这也标志着我国逐步向制造业大国迈进。但近年来制造业增速呈放缓趋势，占 GDP 比重有明显下降。从 2006 年到 2016 年，制造业增加值占 GDP 比重从 32.45%下降到 28.96%，降低了约 3.5 个百分点。2017~2018 年，占比基本保持在稳定水平，分别为 29.30%、29.41%。我国制造业增加值具体变化情况如图 1-1 所示。

与此同时，伴随着我国互联网水平的不断提升，以制造业为代表的工业数字经济占比快速提升。一方面，我国互联网发展水平得到快速提升，互联网宽带接入用户数大规模增加，互联网普及率不断提升，2009 年和 2016 年全国互联网宽带接入用户总数分别为 10409.60 万户、29680.54 万户，提升了 185.13%。

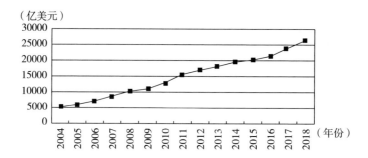

图 1-1　我国制造业增加值变化情况

资料来源：世界银行统计数据。

2009 年和 2016 年全国互联网普及率分别为 30.49% 和 53.90%，提升了 76.78%。另一方面，工业数字经济比重提升，且呈现加速增长态势。在《中国数字经济发展与就业白皮书（2019 年）》中披露 2018 年工业数字化已经加快推进了，工业数字经济占行业增加值比重为 18.3%，较 2017 年提升了 1.09 个百分点。我国互联网水平具体变化趋势如图 1-2 所示。

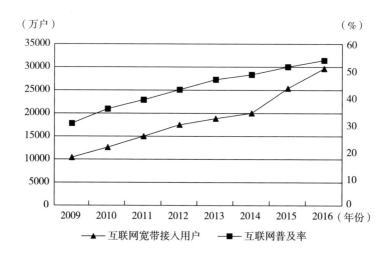

图 1-2　2009~2016 年全国互联网水平趋势图

资料来源：《中国统计年鉴》（2010~2017 年）。

在互联网和数字经济快速发展的同时，国家越来越重视互联网与制造业深度融合。党的十九大报告强调，加快发展先进制造业，推动互联网、大数据、人工智能和实体经济深度融合，在中高端消费、创新引领、绿色低碳、共享经济、现代供应链、人力资本服务等领域培育新增长点、形成新动能。第四次互联网大会中也提出要推动互联网与实体经济的深度融合。与此同时，国务院出台了《国务院关于深化制造业与互联网融合发展的指导意见》等一系列相关政策。其中，政策中提出，深化互联网在制造领域的应用。制定互联网与制造业融合发展的路线图，明确发展方向、目标和路径。发展基于互联网的个性化定制、众包设计、云制造等新型制造模式，推动形成基于消费需求动态感知的研发、制造和产业组织方式。

互联网与制造业的深度融合有利于推动制造业发展。一方面，我国制造业发展正处在转变发展方式、优化经济结构、转换增长动力的攻关期，土地、劳动力等要素成本持续上升，给制造业转型升级带来了较大挑战，中高端供给能力跟不上消费结构升级的步伐，制约了消费潜力的释放。我国制造业迫切需要通过与互联网深度融合进行转型升级。另一方面，互联网的广泛应用、信息技术的发展以及政府的支持促进了互联网与制造业的融合，互联网与制造业深度融合使得产业边界变得模糊、价值网络正在被重构，产业政策需要定位新的着力点。从本质上讲，互联网与制造业的深度融合主要体现在互联网融入制造业的发展过程。积极推进互联网与制造企业深度融合有利于促进制造业创新发展，未来互联网与制造业深度融合的水平越来越成为决定制造业国际竞争力水平的关键因素。

本书通过梳理，发现互联网与制造企业关系的演变主要经历四个阶段，包括简单应用阶段、初步融合阶段、中度融合阶段与深度融合阶段：第一，简单应用阶段。互联网与制造企业关系发展的初级阶段，互联网仅仅是被简单用于制造企业信息化，主要体现在通过互联网获取一些生产的信息资讯、了解行业发展趋势以及办公过程信息化等，为信息获取和办公带来便利。第二，初步融合阶段。此阶段是在简单应用的基础上进一步提升的，此时制造企业能够借助互联网帮助企业解决部分生产之外的一些问题，如提升生产机械化水平、通过互联网发布招聘

互联网对制造企业价值创造的影响研究

信息，利用互联网平台销售部分消费类制造产品。这一阶段互联网与制造企业实现了简单的融合，互联网参与了制造业部分价值链，互联网对制造企业实现了初步带动与促进关系。第三，中度融合阶段。此阶段是在初步融合实现互联网对制造企业的带动与促进关系的基础上进一步提升的。这一阶段网络平台、工业网络平台等进一步发展成熟，消费类制造业、装备制造业的生产要素配置、销售以及售后服务等均可利用互联网平台进行实现。同时，基于互联网产业链的延伸、跨境电子商务、在线售后诊断服务也逐步出现。这一阶段制造企业生产过程信息化水平已经较高，改善了先前信息化程度不足的状况。制造企业可以借助互联网实现生产要素的高效配置。此外，制造企业通过互联网对其销售的产品提供售后服务。如一些装备制造企业对其销售的装备可以实现在线的产品运行状况监测，实时收集产品的运行数据。当产品运行出现故障时，可以实时在线处理。第四，深度融合阶段。随着大数据、云计算等新技术的兴起，加快了制造业发展模式的变革。互联网与制造业深度融合是指互联网技术广泛应用到制造企业生产的各个环节，互联网成为企业经营管理的必要载体，企业的需求也影响着互联网技术的发展方向。互联网与制造企业之间的关系不再是单向的带动与促进，两者已在技术、产品以及管理等多个维度实现相互交融、不可分割。

表1-1 互联网与制造企业关系演变历程

阶段	特征
简单应用阶段	互联网水平低、用户规模小；互联网只是简单应用于企业信息化、获取一些信息资讯
初步融合阶段	网络平台、用户规模不断扩大；用于部分制造产品的销售（消费类制造产品为主）
中度融合阶段	成熟的网络平台、工业网络平台，跨境电子商务；销售、普通售后服务以及在线售后诊断服务等
深度融合阶段	大数据、云计算技术、超级网络平台、网络社区、工业互联网等；迭代式创新，颠覆式研发、生产和销售模式，实现智能制造

制造企业价值创造问题一直是学者研究制造企业重点关注的问题之一，制造企业价值创造是制造企业发展的关键，也是制造企业的根本目标。互联网对制造

企业价值创造的影响在许多研究中均有涉及，且互联网对制造企业价值创造具有促进作用的结论也被学界证实。随着互联网与制造企业逐渐实现深度融合，互联网与制造企业之间互相渗透、相互促进，在互联网的作用下，互联网从多方面影响制造企业价值创造，如制造企业基于互联网的个性化定制、众包设计、云制造等新型制造模式提升价值创造水平，制造企业基于互联网的全价值链流程再造提升价值创造水平，制造企业基于互联网的客户综合价值水平提升价值创造水平。

要素配置是研究互联网对制造企业价值创造的重要视角。其原因包括以下两方面：一是生产要素是企业实现价值创造的重要基础，企业进行价值创造离不开生产要素的投入，而生产要素在企业生产过程中的使用情况如何则要考察企业的要素配置。因此，要素配置问题应是研究企业价值创造时需要关注的重点；二是要素配置问题始终贯穿于互联网对制造企业价值创造影响的过程中。基于互联网作用的新型制造模式、价值链重构以及客户价值提升等变化均涉及制造企业要素配置的变化，既影响制造企业劳动力结构和资本劳动力的结构配置，同时还影响制造企业生产要素的配置效率。

综上所述，在互联网快速发展和我国制造企业发展面临瓶颈的同时，互联网有助于制造企业价值创造水平的提升，且互联网对制造企业价值创造的作用必然会通过要素配置这一途径得以实现，其中互联网对要素配置的影响中涉及要素配置结构和配置效率，因此基于要素配置视角研究互联网与制造企业深度融合下的价值创造是促进制造业转型升级的重要课题。

1.1.2　研究意义

在国家加快推进互联网与制造业深度融合的大背景下，我国制造业基于以互联网为代表快速发展的新一代移动通信技术实现转型升级、提升竞争力，是未来一段时期内制造业发展的重要方向。在了解这一政策背景和现实基础的情况下，探索要素配置视角下的互联网对制造企业价值创造的作用机制，围绕这一问题开展相关研究具有重要的理论意义和实践意义。

在理论意义方面：一是基于要素配置视角从理论上研究互联网对制造企业价

值创造的影响这一主题，有利于推动经济学理论在互联网经济下的创新发展；二是全书沿着"互联网对制造企业价值创造的直接作用→互联网对制造企业价值创造的间接作用"的思路展开研究，形成互联网与制造企业深度融合价值创造理论，丰富产业创新、产业融合理论；三是从要素配置结构和要素配置效率两方面研究互联网在制造企业价值创造中发挥的作用，有利于完善要素配置理论。

在实践意义方面：一是研究以互联网为代表的物联网、云计算、大数据等新一代信息通信技术不断融入制造企业研发、生产、营销和服务等各个环节并产生创新驱动效应的理论和路径，有利于推动互联网与制造企业深度融合；二是研究互联网与制造企业深度融合价值创造，有利于重塑产业创新体系、激发创新活力、培育新兴业态，提高供给侧质量，主动适应和引领经济发展新常态，形成经济发展新动能；三是为我国政府制定促进互联网与制造企业深度融合政策体系提供经验借鉴。本书在研究结论的基础上提出利于促进我国互联网与制造企业深度融合的相关政策建议。

1.2　文献综述

通过对已有文献进行梳理，了解学者在相关问题上的研究进展，找到已有研究脉络和研究思路，从而为本书开展研究指导方向。文献综述的主要内容包含四个部分：互联网经济相关研究，互联网与经济发展相关研究，互联网与价值创造相关研究，互联网、要素配置与价值创造相关研究。此外，在对相关研究进行文献梳理之后，对已有研究现状进行文献评述。

1.2.1　互联网经济相关研究

当前关于互联网经济的研究颇多，关于互联网经济内涵界定的研究也非常丰富，既有从宏观角度和微观角度分析互联网经济，也有从技术角度和管理角度分析互联网经济。在本小节的分析内容中,对互联网经济内涵和互联网经济特征相关文献进行梳理。

1.2.1.1 互联网经济内涵

互联网经济是经济发展过程中经典和新颖的经济现象,学者们认为互联网经济是一种经典的经济现象,指的是互联网经济在以往的研究中很早就开始涉及这一问题;而认为互联网经济是一种新颖的经济现象,指的是在互联网快速发展的背景下互联网经济的内涵在不断延伸和丰富。通过梳理发现,目前互联网经济的内涵并没有统一的概念,提到互联网经济,通常会联系到网络经济和数字经济等相关经济概念,其实网络经济、数字经济以及互联网经济之间往往存在相互关联,网络经济实际上是互联网经济、数字经济(乌家培,2000),互联网经济本质上是数字信息经济(方燕等,2018)。网络经济、数字经济以及互联网经济三者本质上是根据互联网经济在不同阶段因内涵差异而构建的概念,同时近年来共享经济发展趋于成熟,究其本质也是一种互联网经济。为此,在介绍互联网经济内涵研究现状时,从网络经济、数字经济和互联网经济三方面展开。

(1)网络经济。

关于什么是网络经济,结合已有的研究成果,发现学者对网络经济的定义大致有两种:一是从狭义视角定义网络经济;二是从广义视角定义网络经济。

从狭义视角来看,网络经济往往被定义成依赖于互联网的一种信息服务经济、网络产业或者是信息服务产业。如乌家培(2000)认为从产业发展角度看,网络经济是指与电子商务联系紧密的网络产业,相关产业涉及较多,不仅包括与网络相关的银行、企业和商务活动,还包括与网络相关的基础设施、专用设备和服务的生产以及提供服务等经济活动。同时,从企业的营销、居民的消费和投资角度看,网络经济被认为是大型的网络市场或者是虚拟市场。冯鹏志(2001)认为狭义层面的网络经济是指通过网络和 Internet 在特定行业进行的相关经济活动,网络经济基于信息与通信网络、数字化等方面的技术基础设施,并依赖数字化的网络技术进行开发、生产以及信息供给和服务,其中网络经济的核心行业是网络信息技术产业和网络信息服务产业。朴炳华(2007)指出狭义层面的网络经济是指基于互联网技术进行的投资、产品销售和产品服务活动而获得收益的经济活动模式，常见的有 B2B 和 B2C。

此外，从广义视角对网络经济进行的定义可大致分为两类：一类广义定义是将网络经济与传统游牧经济、农业经济、工业经济以及信息经济等进行了对比区分，认为网络经济是有别于这些经济形态的一种新的经济形态。纪玉山（1998）指出在信息网络背景下出现的网络经济是一种全新的经济现象。陶长琪（2002）认为网络经济是一种在知识背景下基于 Internet 的以信息和知识的生产、交换以及消费为内容的新型经济形态，该经济形态的运行依赖于包含电信网络、通信网络以及企业内部网络在内的网络，同时网络经济以全球经济市场为导向、以信息产业为主导。林洁和崔学兰（2000）认为网络经济是一种以电脑网络和资本运用为基础，以知识和信息为核心，并利用金融和电子技术手段将无形的知识和信息转化为商品服务的经济形态。何枭吟（2011）指出网络经济也是互联网经济，网络经济是基于互联网进行资源生产、分配、交换以及消费等一系列经济行为的新形式经济活动。史光明（2004）从网络经济的基础、工具、核心资源以及组织形式定义了网络经济，并指出了网络经济的基础是经济全球化，主要工具是信息网络，核心资源是网络信息，组织形式以经济结构扁平化为特征。另一类广义定义认为凡是通过互联网发生的经济活动均属于网络经济。朴炳华（2007）指出广义上网络经济是指通过互联网实现消费者和生产者之间的联系互动的经济活动。冯鹏志（2001）认为广义层面的网络经济是以包含计算机技术和网络技术等关键技术为驱动力，以基于互联网而出现的网络化企业、网络银行、电子商务以及电子货币为基础，由经济结构、组织结构以及竞争策略等多方面变化形成的新的经济活动领域。

（2）数字经济。

早在 1998 年美国政府就开始关注数字经济，该年美国商务部公开发布 *The Emerging Digital Economy*（The United States，1998），旨在说明信息技术对经济发展带来的影响，随后在学术研究和政府工作报告中这一概念越来越多地被使用，数字经济一词受到广泛认可。但对于什么是数字经济？数字经济的内涵是什么？随着数字经济的发展，政府部门、研究机构和学术界对这一概念内涵都有了界定，但并不统一。既有从数字经济涉及范围角度，又有从生产手段所采用技术属性的自然科学意义角度进行分析。

在政府和专业研究机构层面均对数字经济做了详细的定义。在《二十国集团数字经济发展与合作倡议》（2016）中提出，数字经济是指以使用数字化的知识和信息作为关键生产要素、以现代信息网络作为重要载体、以信息通信技术的有效使用作为效率提升和经济结构优化的重要推动力的一系列经济活动。中国信息通信研究院（2017）在披露的《中国数字经济发展白皮书（2017）》中将数字经济定义成继农业经济、工业经济之后的更高级经济阶段，并认为数字经济是以数字化的知识和信息为关键生产要素，以数字技术创新为核心驱动力，以现代信息网络为重要载体，通过数字技术与实体经济深度融合，不断提高传统产业数字化、智能化水平，加速重构经济发展与政府治理模式的新型经济形态。

从数字经济本质来看，数字经济的本质在于信息化（孙德林和王晓玲，2004），数字经济实质是一场数字技术推动的经济革命（李俊江和何枭吟，2005），数字经济的关键是数据信息及其传送这一重要技术手段（裴长洪等，2018）。众多学者基于信息化是数字经济本质这一前提对数字经济进行定义和丰富。逄健和朱欣民（2013）强调数字经济是以信息和通信技术为基础，通过互联网、移动通信网络、物联网等，实现交易、交流和合作的数字化。赵星（2016）认为数字经济是发生在虚拟而又严谨的数字空间中，应用数字技术、交易数字产品等相关的经济活动。王思瑶（2020）指出数字生产是以实现信息数字化获取、存储、传输、操作等功能为目的的生产以及借助这些功能进行的各类生产活动。

从数字经济的构成和范围来看，数字经济包含内容丰富。Mesenbourg（2001）指出数字经济包含数字化的软硬件基础设施、数字化的商务网络与组织以及电子商务交易中的产品三部分内容。Heeks（2008）认为数字经济中的产品包含软硬件和基础设施、与信息通信技术相关的咨询服务、信息通信技术商品和服务的零售以及数字化内容。有学者指出数字经济涉及的范围包括所有数字化投入产生的全部经济产出，也有学者认为数字经济是由基于数字技术并通过数字产品或者服务获得的主要甚至全部产出。Ahmad 和 Ribarsky 在 2018 年指出数字经济主要由两大部分组成,一部分是数字经济的赋能部门,另一部分是基于赋能部门而进行的生产和消费等一系列过程。

(3)互联网经济。

现有关于互联网经济内涵的定义与网络经济和数字经济有着相似之处,多是从互联网经济的范围界定、互联网技术以及互联网经济与传统工农业之间的差异进行分析。前文已经详细介绍了关于网络经济和数字经济的内涵,因此这里仅简单介绍部分学者对互联网经济的定义。同时,对前文没有介绍的另一种表现形式的互联网经济——共享经济的内涵进行说明。

关于互联网经济内涵的研究。潇秦(2000)指出企业通过运用网络基础设施和互联网,将互联网应用于产品和服务过程,在这个过程中企业直接通过互联网获取的收益或者是在与互联网相关的产品和服务中获得的收益是互联网经济。程立茹(2013)认为在信息网络化背景下产生的经济活动是互联网经济,在经济活动中经常见到的典型互联网经济包括电子商务、移动互联、搜索引擎以及网络游戏等。吴汉洪(2018)指出互联网经济是一种有别于传统农业经济和工业经济的新经济形态,这种新的经济形态的主导资源是信息与知识,同时互联网经济是基于互联网平台进行经济活动并在此基础上形成的所有经济关系的总和。吴瑶等(2017)从价值创造视角定义了互联网经济,并认为互联网经济是一种有别于工业经济的经济形态,在互联网经济时代企业的生存方式发生了改变,价值创造模式也发生了改变,企业从原来的重视创造产品价值向重视创造用户价值转变。

关于共享经济的研究。近年来越来越热的共享经济再次丰富了互联网经济的内涵。目前共享经济也没有统一的定义。共享经济概念是由 Felson 和 Spaeth(1978)两位学者在 1978 年首次提出,他们将共享经济作为一种新的生活消费方式,共享经济使得消费者在无所有权的情况下也可以使用产品,在这种模式下个体间可以通过第三方平台实现商品和服务的直接交易。共享经济也被称为协同消费,Belk(2014)指出共享这一概念在很早以前就已存在,共享经济是协同消费的另一种表述,在互联网背景下的共享经济和协同消费是由于互联网的使用而产生的。Botsman 和 Rogers（2010）总结归纳了共享经济的三类模式，包括产品与服务系统、市场再分配和协同生活方式。郑志来（2016）对共享经济的定义和作用进行了阐释，郑志来认为共享经济利用第三方网络平台，把供给方手中拥有闲置资源的使用权进行分时租赁，将生产要素进行社会化，从而提高生产要素的利用效率实现更多的价值创造，带动社会经济发展。

1.2.1.2　互联网经济特征

随着信息技术革命浪潮的出现，以大数据、云计算、物联网等为代表的新兴技术为社会经济发展方式带来了深刻变革，越来越多的学者开始关注由互联网引发的新的经济形态。

区别于传统经济，新时代背景下互联网经济在内涵和特征方面具有其自身的独特之处。早在 2000 年我国学者就提出互联网经济具有网络外部性、赢家通吃、高度发达的市场经济、标准的极端重要性与市场失灵等特征（郑新业，2000）。随着研究的进一步深入，互联网经济特征研究更加丰富，互联网经济的诸多特征被学者提出，如 Marshall（2003）发现互联网经济具有时空性、递增性、普惠性、数据性和综合性等特点。Calzada 和 Tselekounis（2018）认为互联网经济具有网络中立性。朱富强（2016）认为规模经济是互联网经济的最大特点，即互联网经济规模越大，其效率越高。这一重要特点使得互联网经济具有两个关键特征：一是互联网产业具有高集中度特征，二是互联网产品具有主流化趋势特征。

同时，学者还就互联网经济特征与传统经济特征之间存在的差异进行了对比分析。赵立昌（2015）发现互联网经济和传统工业经济在多方面存在明显差异，差异表现在包括市场需求、市场范围、市场结构以及生产方式和创新等在内的几个方面，而且互联网经济会促使企业生产出更多的利基产品，使得企业能够获得有别于其他产品的利益，从而产生长尾效应。方燕等在 2018 年总结了互联网经济和其细分市场中有别于传统农业和工业的经济特征。从成本来看，互联网经济通常拥有边际成本低、固定成本高的特征。从技术和产品来看，互联网经济的技术和产品变化快、周期短。陆峰（2017）指出传统实体经济的运行模式在互联网经济下已经彻底发生了改变，互联网经济具有倒逼我国经济进行改革的趋势，在未来将形成新的经济发展模式。此外，互联网思维也决定了互联网经济的特征，李海舰等（2014）提出互联网思维的三个层次：一是开放、平等、协作和共享的互联网精神；二是通过免费赚钱、用户本位主义的互联网理念；三是以长尾理论为交易技术、以市场均衡理论为交易结构、以消费者主权论为交易绩效的互联网经济。

此外，随着互联网经济内涵的演变和发展，互联网经济特征也呈现出不断变化的趋势，学者就互联网经济相关新特征进行了研究，尤其是关于数字经济特征。李晓华（2019）指出数字经济具有颠覆性创新不断涌现、平台经济与超速成长、网络效应与"赢家通吃""蒲公英效应"与生态竞争等新特征。杨慧玲和张力（2020）从劳动、生产过程管理和生产方式等方面说明了数字经济的特征：一是数字经济中的劳动表现出更高的社会化特性；二是数字化使得企业生产过程管理更加直接和集中化；三是数字化推动企业生产过程由模块化生产向模块化劳动演进。荆文君和孙宝文（2019）指出数字经济的经济环境主要是由长尾效应、范围经济和规模经济三方面构成。王姝楠和陈江生（2019）归纳总结了数字经济的三大范式特征：一是企业的生产要素中增加了数据这一新的生产要素；二是数字经济设施为市场创造了新的条件；三是新一代信息技术创新推动了全社会技术创新水平的提升。杨佩卿（2020）从生产要素、基础设施、商业模式、经济形态、消费理念和治理方式六方面总结了数字经济特征。在数字经济的发展过程中，逐渐以数据为数字经济的核心生产要素、以"云+网+端"为核心的基础设施、以平台经济为主的商业模式、以知识智能为重要经济形态特征、以个性化消费为消费理念和以多元共治为新兴科学治理方式。

在以上互联网经济相关研究中，已有文献对互联网经济内涵和互联网经济特征进行了详细的分析。在互联网经济内涵相关研究中学者对网络经济、数字经济、互联网经济以及共享经济的内涵均有研究，且从狭义和广义层面对互联网经济内涵进行了界定，对互联网经济内涵有了一个系统全面的分析。在互联网经济特征相关研究中，学者对互联网经济与传统工业经济、农业经济之间的差异进行了对比分析，总结归纳出互联网经济的独有特征。同时互联网经济内涵又是不断延伸和丰富的，互联网经济特征也伴随着互联网经济内涵的变化而不断变化，学者对伴随着互联网经济内涵变化带来的互联网经济特征进行扩展分析，丰富了互联网经济特征研究。

1.2.2 互联网与经济发展相关研究

鉴于互联网对经济发展具有多维度影响，且互联网在不同维度所起到的作用存在差异，为有区别和针对性地了解相关研究进展，下面从宏观、中观和微观三方面分别就互联网对宏观经济发展的影响、互联网对中观产业发展的影响以及互联网对微观企业发展的影响进行文献梳理。同时，由于本书重点关注的是制造业，因此在从不同维度分析互联网对经济发展影响的基础上，本小节还就互联网与制造业发展的相关研究进行梳理。

1.2.2.1 互联网对经济发展的影响

从互联网对宏观经济发展的影响来看，自 2000 年以来，互联网发展对全球经济发展具有推动作用，且在不同国家和不同行业之间存在明显差异。在发达国家互联网发展对实体经济的影响显著提升，对商务服务、金融以及批发零售三个生产性服务行业的作用最强。在互联网与制造业融合方面，我国互联网与制造业的融合程度比世界其他国家更深，融合情况更好。但我国在生产性服务业、公共管理等行业与互联网的融合程度还存在明显差异，亟待加强（阚凤云等，2016）。互联网作为信息化的工具不仅被广泛用于各类生产和生活场景当中，同时互联网还深入到农业、工业以及制造业当中，互联网拓展了多个行业的劳动对象。在这个过程中，社会经济各领域交互融合的程度加深，互联网劳动呈现出更繁杂的劳动形式，推动了社会分工的多样化并提高了协作水平（林涛，2016）。随着我国经济由高速度发展向高质量发展转变，亟须通过产业结构优化和转换增长动力实现这一目标，而近年来互联网在结构优化和产业融合等方面起到了重要推动作用，互联网已逐渐成为我国经济高质量发展的重要推动力。在互联网推动我国经济高质量发展，支撑我国经济高质量发展的过程中，互联网不再是仅仅依靠传统的经济资源，而是更多地通过稳定且不断优化的技术性手段提升创新发展水平（邢娟红，2018）。

从互联网对中观产业发展的影响来看，互联网具有推动产业结构升级的重要作用。在产业升级方面，既有直接研究互联网对产业升级的影响，如陈德余和汤勇刚（2017）从互联网时代的大数据产业出发，采用理论和实证检验相结合的方法论证了大数据对产业结构的影响机制和效果，在剖析大数据对产业结构影响机制的基础上，实证检验发现大数据对产业结构升级具有显著的促进作用。纪玉俊和张彦彦（2017）通过构建模型、运用省级面板数据实证检验互联网对制造业升级的作用。实证发现，互联网整体上正向推动我国制造业转型升级。从不同区域之间的异质性来看，互联网对制造业的正向作用在东部和中西部之间存在明显差异，互联网对东部制造业升级的正向推动作用显著，而在中西部的制造业升级过程中互联网的正向推动作用还未显现。徐伟呈和范爱军（2018）为考察互联网技术对制造业结构调整的作用效果，在剖析自我积累基础上的自主创新、互联网技术扩散和引进以及互联网技术引进基础上的自主创新三条路径对制造业结构优化升级的作用机制的基础上，采用了地区面板数据进行实证检验。结果表明，在自我积累基础上的自主创新、互联网技术扩散和引进以及互联网技术引进基础上的自主创新三条路径中，互联网技术引进基础上的自主创新是三条路径中对制造业结构升级的影响效果最强的路径。黄智和万建香（2018）运用2006～2015年的时间序列数据实证分析了上海市"互联网+"与工业结构升级之间的相互作用，结论表明"互联网+"还没有被深入运用到上海市高水平工业产业结构升级过程中，"互联网+"仅是推动上海市工业结构升级的单向格兰杰原因。许家云（2019）基于倍差法研究了互联网对工业结构升级的影响，实证结果表明互联网对工业结构升级的影响存在地区差异和所有制差异。从地区来看，东中部地区工业结构升级受互联网的促进作用明显，西部地区工业结构升级受互联网的促进作用效果较少。从所有制来看，国有化水平低的地区比国有化水平高的地区工业结构升级受互联网促进作用效果更明显。

又有从产业结构高级化、合理化角度分析"互联网+"对产业结构合理化和高级化的促进作用。也有从产业结构变化角度研究互联网与产业结构合理化、高级化之间的内在关系。吕明元和陈磊（2016）基于2003～2013年上海市数据实证检验"互联网+"对产业结构升级的影响,研究结论表明"互联网+"显著促进了产业结构合理化,"互联网+"在一定程度上促进产业结构高级化。郭朝晖和靳小越(2017)利用主成分分析法测算了长江经济带 11 省市 2005~2014 年的互联网发展水平,并采用系统 GMM 和 Malmquist 指数方法实证检验互联网对长江经济带产业结构变迁的作用机制,结论表明产业结构合理化和高级化均受到互联网的正向促进作用,互联网水平越高,产业结构合理化和高级化水平越高,同时还得出产业结构合理化和高级化存在明显的滞后效应。惠宁和周晓唯(2016)采用 2003~2013 年的省级面板数据分析互联网对产业结构升级的作用,实证检验发现互联网发展水平显著正向促进我国产业结构高级化,互联网对产业结构高级化的溢出效应在区域间存在明显的差异性。同时产业结构高级化存在惯性,产业结构高级化受到前一期的影响较明显。

此外,还有研究表明互联网具有促进制造业服务化转型的作用,如黄阳华等(2015)分析发现"互联网+"在多方面促进制造业发展,有助于制造业实现网络化协同发展的研发设计、变革组织关系以及服务化转型升级。制造企业的组织结构呈扁平化变化,借助网络系统可实现各个层面的数据快速交互共享,并快速对市场变化做出响应。同时,制造企业间的组织模块化趋势明显,企业间的数据信息传递速度加快、信息成本明显下降,产业价值链得到重塑。制造企业生产过程数字化水平的提高,带动了制造产品的全生命周期数据实现集成,促进了大数据在服务价值链环节得到充分应用。制造企业通过对客户需求数据信息的及时获取使得服务型制造得以实现,越来越多的客户个性化定制服务得到满足,服务模式也将更加多样化。童有好(2015)指出随着互联网发展水平的不断提高,制造业服务化受互联网发展影响明显。互联网正逐步参与到制造业产品全生命周期的各个环节当中,强化了制造业和服务业之间的协同关联作用,促进了制造业服务化水平提升。从目前来看,我国制造业服务化水平与当前我国经济发展水平不匹配,整体服务化水平偏低,需要利用互联网与制造业融合的这一契机,提高技术和服务水平,实现商业模式创新,提升产品附加值。

从互联网对微观企业发展的影响来看,互联网正在改变着企业边界,传统的企业边界正在被打破。范黎波（2004）发现互联网具有降低影响企业边界的各类成本和费用的作用，包括产品生产成本和系统生产成本以及交易费用和行政协调费用。互联网对各类成本和费用的作用效果还受到信息依赖、信息不明确性以及组织使用技术的影响。互联网会通过调整企业业务对企业边界进行扩大或缩小，一方面互联网会促进企业将一些原由企业自身完成的业务进行外包，另一方面互联网也会使得企业将一些原本需要外包或外取的业务调整为企业自身进行生产。齐永智和张梦霞（2015）指出在互联网和信息快速发展过程中企业的各种边界正在被打破，互联网促使企业基于自身能力进行更多的资源整合成为可能。互联网背景下，零售企业需要重新认识自身与消费者之间的关系，认识无边界的消费者需求、消费者之间的关系以及消费者和企业之间的关系，正确认识产业链环节的无边界，产业链和外部的无边界，零售企业内部的管理、操作以及经营策略的无边界。企业需要调整原有的具有清晰边界的垂直职能、水平职能和外部职能的管理模式。李海舰等（2014）对互联网背景下的企业边界变化的新特点进行了总结，指出互联网通过对企业管理成本、交易成本、使用互联网成本以及价值链等多方面影响企业边界，促使企业实现无边界发展。企业从经营、管理以及操作层面实现企业边界从破界、跨界到无边界的变化。在经营层面的无边界中包括产品、时间、空间和运作的多方面无边界，在管理层面的无边界中包括管理平台扁平化、流程再造、物流信息无缝对接以及信息流和资金流的无缝对接，在经营层面的无边界实现社会资源整合最大化，企业的研发、生产、销售和物流实现虚拟操作。刘长硕（2016）认为互联网会通过提高信息的传播水平对交易成本的各个维度产生作用，互联网会使企业的内部成本和外部交易费用均有效降低，随着互联网的使用，企业的纵向边界逐渐趋于缩小。

1.2.2.2 互联网对制造业发展的影响

（1）互联网与制造业融合。

在信息技术水平的不断提高和政府大力推动的双重作用下，互联网与传统产业不断加深融合程度，甚至居民生活质量和产业国际竞争力也受到"互联网+"的重要影响，"互联网+"具有连接一切的技术特征，互联网的发展使得数据变成重要的生产要素。"互联网+"对传统产业的生产模式、商业模式以及产业业态有重要影响，对促进传统产业转型升级、产业竞争力提升以及发现增长新动力等存在重要意义（李晓华，2016）。其中，以云计算、大数据、物联网、移动互联网、智能技术以及区块链等各类"互联网+"技术与各行业的融合程度正在加深，"互联网+"传统产业的融合正在成为我国社会发展与经济转型的重要驱动力（姚国章和余星，2017）。

学者们就互联网与制造企业融合发展的内涵和定义进行了多方面的阐释，既有直接对互联网与制造业融合进行直接定义，如于佳宁（2015）从四个方面定义了互联网与制造业融合，"互联网+工业"是指传统制造企业采用互联网、云计算、物联网以及大数据等信息通信技术改造传统产品生产和研发方式，与通常的"工业互联网"和"工业4.0"的内涵基本一致。"移动互联网+工业"是指传统制造企业在交通运输设备和家电等产品上加载移动网络设施，从而可以实现对产品进行远程操控、远程数据采集以及数据分析等，提高了用户对工业产品的消费体验。"云计算+工业"是指制造企业通过使用自建或其他互联网企业搭建的云网络平台对产品生产过程中的智能化设备进行技术支持和软件服务，既优化了消费者体验，同时也实现了不同产品间的互联互通，创造了协同价值。"物联网+工业"是指利用物联网技术对制造企业生产过程产生的数据进行实时监控、采集并传输和分析，促进生产资源的合理配置，提高生产资源的配置效率。张福和邬丽萍（2016）认为"互联网+工业"的含义是指制造企业通过互联网对企业目前的研发、生产、物流以及售后等价值链进行改造升级，从而达到生产过程的高效化、协同化、智能化和个性化。其中的互联网是指已有或者新的互联网思维、互联网模式以及互联网技术。互联网技术包含移动互联网、云计算、大数据以及物联网等，如根据互联网技术对"互联网+工业"进行分类，则可以划分成"移动互联网+工业""云计算+工业""大数据+工业"以及"物联网+工业"等。参与工业产品的主体包括组织机构、粉丝经营和销售流通等，如根据工业主体对"互联网+工业"进行分类则可以划分成"互联网+组织机构""互联网+粉丝经营"和"互联网+销售流通"等。王喜文（2015）将"互联网+工业"看作是制造企业间的互联制造，快速响应市场变化需求并掌握企业内部制造数据，实现市场需求变化数据与企业自身数据间的有效结合，改进企业的生产过程。互联网制造企业能够通过快速、动态调整企业生产资源的配置，不仅能保证供应产品质量，而且能实时满足市场需求变化，缩减从需求研判到产品生产以及产品投放市场等环节的时间，扩大市场占有份额。企业借助互联网改变企业内外部服务形式，实现服务网络化转型。同时，利用互联网从生产车间直接进行数据的实时采集和分析，通过对采集的信息进行大数据分析，能够为企业找到更多的商业机会。在对采集的海量数据进行处理的过程中，有效的数据处理能够提升服务和解决方案的价值。

同时，还从产业链、价值链的角度认识互联网与制造业融合发展。邵安菊（2017）指出互联网对经济的影响正由消费端向生产端转变，并对传统制造业的经营模式与资源配置方式形成挑战。制造业与互联网间的融合与以往的简单相加存在显著差别，制造业与互联网的融合旨在借助互联网技术打造优质制造产品，牢牢把握互联网时代的发展机遇，改变我国制造业大而不强的现状，通过实现制造强国为国民经济发展注入新动能。同时指出通过从价值链低端向价值链高端跃迁、由低附加值向高附加值跨越是互联网与制造业融合发展的根本目标，从而促进我国制造业朝着智能化、高端化、服务化及绿色化转型升级。唐德淼（2015）指出产业结构调整方向已经发生变化，当前产业结构调整的主要方向为嵌入全球价值链提升和延伸产业功能，促进制造业和服务业高效融合，并实现互联网与工业变革协同融合的产业变革。互联网与产业的融合路径是由产业链下游开始逐步向产业链上游演进，消费品行业是产业链下游的重要组成部分，互联网与产业融合首先影响的是消费品行业，互联网推动传统制造企业以生产为核心的生产模式向以按市场需求为核心的按需生产、个性化生产以及柔性化生产转变。处在产业链不同位置的产业受互联网的影响程度存在明显差异，其中靠近消费者的下游行业，受互联网的影响越早，变革的领域和环节也越多。在多个环节中，营销环节离消费者最近，受到互联网的影响最明显，其次是如研发和运维等其他环节。在互联网与传统产业融合过程中，互联网对企业价值创造的各个环节的影响将从交易环节逐步向研发设计、生产以及服务延伸和传递。

（2）互联网与制造业变革。

随着互联网与制造企业的融合程度的不断加深，互联网推动制造企业进行变革，尤其是在研发、生产和管理等方面。目前，制造企业的制造模式正向大规模生产、大规模个性化定制转变，制造企业的研发模式正向创新联盟和众包创新转变。在当前互联网背景下，需要将发展重点聚焦于互联网与制造企业深度融合，利用互联网推动制造业向数字化、网络化和智能化方向发展，创新发展个性化服务，带动服务型和协同式制造新模式和新业态（冯飞，2017）。在生产模式方面，学者们进行了众多相关研究。Hu（2013）对互联网背景下的制造业的大规模生产、大规模定制以及个性化定制等新兴生产模式进行了深入分析，对各种生产模式的运行方式和技术水平等问题进行了阐述，并解释大规模生产、大规模定制以及个性化定制等新兴生产模式是如何被整合在一起，如何实现保证生产的质量水平和生产效率。此外，还对消费者在各种新兴生产模式的角色定位进行了比较。李强等（2016）提出了基于云制造理论并结合个性化定制特点的云计算个性化定制生产模式，与单个企业采用的个性化定制生产模式相比，云计算个性化的生产模式具有诸多优势：一是云计算个性化定制模式能够实现企业对制造资源的低获取成本和高效率配置。该模式能够利用云计算技术实现对全球不同地区的制造资源的虚拟聚集，提高制造资源在不同区域间的共享程度和配置效率。同时，加入云计算个性化定制模式的企业不仅能够通过全球资源的集聚实现制造资源的低成本获取，而且能够通过利用云计算技术找到弥补自身短板的合作对象。二是单个企业采用个性化生产模式受自身产能的影响，产量规模往往受限，而参与云计算个性化定制生产模式的企业可以利用云制造服务平台来提高产能水平，从而获得更多的价值创造。三是在面对市场需求变化时，加入云计算个性化定制平台的企业能够利用云平台的资源优势，快速从全球各地获得所需的制造资源，从而可以快速调整企业的生产方向以满足市场需求。四是参与云制造平台的企业数量较多，各类企业在平台上可根据自身需要灵活、便捷地匹配到符合要求的合作伙伴，利用各自的特长和优势，以更加多样化的方式进行合作，达到优化生产过程的目标，进而以更低成本生产出市场需要的产品。五是传统制造企业需要大量的原材料的库存以满足不断变化的市场需求，而加入云制造平台的企业可以根据市场需求情况，及时调整生产计划进行柔性化生产，提高对生产要素配置的优化和高效。权锡鉴和杜元伟（2016）指出随着"互联网+"大规模个性化定制发展，制造企业在进行产品配置时面临产品配置方案规模扩大、参与定制主体增多的问题。为解决这一问题，采用基本信度分配函数建立了从企业、消费者以及客户中提取经验证据、评价证据、偏好证据的三元证据模型，并构建了同时满足可靠性和重要性的决策模型，最后以红领西服定制为对象进行了方法操作示例。

在新型研发模式方面，从构建创新联盟的动机、价值和特点等方面进行了研究。Linnarsson 和 Werr（2004）提出通过创建一个多级联盟治理体系能够有效克服创新逻辑和结盟逻辑间的紧张关系。Sampson（2007）认为创新联盟的组织形式会对合作伙伴的能力和共享信息激励产生影响。Gay 和 Dousset（2005）发现创新联盟往往对拥有关键技术的企业的依赖性更强。Phelps（2010）通过实证分析发现联盟中成员企业的技术多样性会促进联盟在探索性创新方面的水平。张敬文等（2014）指出企业是否将知识共享到联盟网络中与联盟网络企业知识是否存在协同效应相关。在联盟网络企业知识无协同效应的情况下，企业会考虑知识的成本和知识溢出风险，如不能保证共享知识企业获得相应的利益时，企业不会将自有知识共享到联盟网络中。在联盟网络企业知识存在协同效应情况下，企业会将自有知识共享到联盟网络中，但企业共享策略会受协同效应价值、联盟网络知识资源水平、知识共享度以及吸收能力等因素的影响。

同时，学者们就众包的定义、产生原因以及分类等进行了研究。Estellés 和González（2012）通过对众包定义进行分析，提取共性要素，总结归纳众包创新的基本特征。有学者从交易成本理论和业务管理理论出发，通过对众包产生的原因和优势进行分析，从而建立了众包创新的理论分析框架，同时还对众包平台特征进行分析，提出众包平台分类方法，对已有的众包平台进行了分析评估。还有学者根据众包的配置差异，将众包分成了众包、众包任务和众包平台三类，并总结出众包团队战略分析的三个阶段：众筹业务模式细化、基于众包的众包社区、基于众筹的理论框架的价值创建过程。Brabham（2008）分析发现众包和开源产品可能开发一群创新者，这群创新者可在其他领域实现价值创造。Lee 等（2010）认为中小企业可通过互联网实现开放创新，开放式创新有助于提升中小企业的创新潜力。Bergvall 等在 2013 年发现苹果公司善于利用外包将部分开发工作外包给分布世界不同地区的软件开发人员，这样避免了需要高成本雇用高技术劳动力带来的企业整体成本上升，同时苹果公司还利用大规模外包进行数字化产品生产。

（3）互联网与制造业发展融合路径。

互联网与制造业逐步实现融合是我国制造业发展大趋势，探讨互联网与制造业融合必然涉及融合路径问题，针对这一研究问题，学者们从多个维度进行了融合路径分析，既有从宏观视角进行融合路径研究，也有从价值链、企业生产和管理环境视角探讨融合路径，此外，还有针对新的生产制造模式从具体操作视角提出融合路径。

在宏观层面，较多涉及平台建设、智慧工厂以及生产流程一体化等融合路径分析。张伯旭和李辉（2017）结合当前在互联网与制造业融合发展过程中存在的制度、技术以及认知等障碍，有针对性地提出通过智能装备、智能工厂、智能系统以及智能产业四条路径促进互联网与制造业深度融合。一是智能装备。在制造装备中将数字技术与智能技术进行嵌入安装，同时引入以工业机器人为代表的数字化制造装备，大幅度提升制造装备的性能和效率。二是智能工厂。采用新一代信息通信技术将制造业生产用到的智能装备进行链接，建设智慧工厂和数字化车间。三是智能系统。在建立智能工厂的基础上，建立能够对信息感知、决策以及执行等功能进行数字化、网络化和智能化操作的智能系统。四是智慧产业。以互联网、云计算和大数据等技术为支撑，以数字化和智能化设备为基础，逐步推进制造企业生产系统优化，实现柔性化生产，将有助于优化重构制造业产业链，让个性化定制、协同制造以及全球化生产成为现实。邢纪红和王翔（2017）针对制造企业如何借助互联网实现商业模式创新问题，提出产出智能化、活动网络化以及打造 O2O 供需平台和大数据系统三条路径。制造企业应提高互联网的使用，深化与互联网的渗透和融合，同时需要在资源、活动与数据等方面实现线上和线下的有机结合，着力打造行业平台以及跨行业供需平台，在运营过程中升级为大数据平台。通过这三条路径可促进互联网与制造业深度融合，促进商业模式创新，创造更多的商业价值。揭筱纹和罗莹（2016）指出我国创建新型制造业应借助"互联网+"这一重要途径，通过"互联网+"实现商业模式与业态创新。我国互联网发展已取得许多重要成果，制造业借助互联网能够将已取得的工业革命成果与互联网成果相结合，进而优化传统制造企业组织模式，帮助制造企业实现生产设备与员工之间的有效连接，并加强企业和市场信息的互联互通。制造企业还将利用互联网实现对除企业外部主体的对接资源共享，如可以加强与外部企业、园区以及行业间连接。同时，通过搭建网络共享协同平台，创新商业模式，形成顾客对企业、顾客对顾客、个人对个人以及个人对企业等新模式。网络共享平台的应用范围也在发生变化，从企业内部向企业外部拓展，通过对各种数据和信息的实时共享，实现全产业链的生产要素的集成和融合，促进由垂直集成向扁平协同转变，制造企业组织更加趋于模块化和扁平化发展。陶永等（2016）认为传统制造业生产组织管理模式将在新一代信息技术推动下向扁平化、专业化、分散化和协同化方向发展，未来基于网络的产品设计、生产以及服务一体化必然成为制造业发展的主流趋势，并提出"互联网+"的制造业全生命周期设计、制造以及服务一体化的发展路径。伴随着以互联网、大数据以及人工智能等为代表的信息技术的快速发展，产品生产全周期中的设计、制造以及服务均能够实现全球范围的跨区域协同，按照统一标准进行数据传输、数据计算以及数据共享等，大大提高了全球生产资源的配置效率，很好地满足了消费者对产品的大规模个性化定制需求。从价值链、企业生产和管理环境视角探讨融合路径，张福和邹丽萍（2016）在研究互联网与制造业融合发展路径时，以产业链升级为目标，从供应链高级化、价值链合理化、空间链全球化和企业链一体化四个方面阐述了融合发展路径。吴阳芬（2016）基于生产模式、营销模式以及管理体系三个维度探究了促进互联网与制造企业深入融合发展方向。在生产模式中，采用工业 2.0、工业 3.0 和工业 4.0 并行存在，个性化和规模化相结合，形成大规模个性化定制生产，告别"微笑曲线"，重新重视"武藏曲线"。在营销模式中，以提升客户体验为理念，以网络和电子商务为手段，以 C2B、客户参与和互动为重点。在管理体系中，管理体系创新呈扁平化发展趋势。吕朋辉和张媛萍（2017）指出在两化融合背景下，制造企业要充分利用经济环境与政策优势，借助信息技术提高企业的生产制造和运营管理水平。

在具体实施路径层面，已有研究提出了具体可操作实施路径。Tao 等（2011）基于已有的先进制造模型和制造企业信息化技术，并结合云计算、物联网以及虚拟现实等先进技术提出一种新的面向服务的云制造模式。Daaboul 等（2011）认为制造企业应该调整产品和生产过程，通过产品和生产过程可实现大规模定制生产，满足消费者不断变化的需求。有学者把移动服务和云计算技术嵌入到制造业生产过程当中，提出了包含设备层、云服务系统层和移动服务层三个层次结构的制造系统，该制造系统不仅能够满足消费者的个性化需求而且能够实现灵活生产。

在以上互联网与经济发展相关研究中，已有文献关注了互联网对经济发展的影响。我国宏观经济发展受互联网的影响显著，互联网对我国经济整体发展具有积极促进作用，互联网会推动我国经济高质量发展。从产业层面看，互联网对我国产业结构合理化、高级化具有促进作用，有利于推动我国产业结构转型升级。从微观企业层面看，在互联网影响下，企业边界发生变化，传统企业边界正在被打破。同时，在进行文献梳理时，还特别就互联网与制造业发展相关文献进行了分析，发现已有关于互联网与制造业融合发展文献较多，互联网与制造业逐渐实现深度融合。且在深度融合背景下，互联网的研发模式、生产模式以及管理模式均发生了重要变革。此外，学者还从智能制造、工业互联网平台等路径分析如何实现互联网与制造业融合发展。

1.2.3 互联网与价值创造相关研究

1.2.3.1 价值创造

（1）价值创造内涵。

关于什么是价值创造，现有研究就价值创造的本质进行了剖析。究其本质，价值创造是企业通过投入生产要素并进行一系列活动而带来的价值增值。在已有研究中学者对价值创造的本质进行了介绍，宋海燕（2012）认为企业通过进行投入产出活动，而实现产出价值超过投入价值的增值活动是价值创造，价值创造的根本在于对资源的占有、使用以及通过使用资源获得价值回报。吴照云和王宇露（2003）从投入产出的角度对价值创造的本质进行了阐述，认为企业价值创造的本质在于企业以更低的成本投入创造同等价值的产品，或是以相同的成本投入创造更高价值的产品。刘国亮等（2016）认为实现企业与用户之间的价值共赢和协同创新是企业进行价值创造的本质。

同时，还有学者从其他维度对价值创造内涵进行了研究，盛亚等（2015）为研究零售商业模式的价值创造框架，采用了多案例研究方法，对电子商务环境下的零售企业的商业模式中的构成要素和要素间的关系进行了归纳，得出企业价值创造的逻辑在于以客户价值为目标，充分利用拥有的资源向客户提供产品以及服务，从资源的获取、生产、营销以及服务等全过程均属于企业价值创造，并提出企业价值创造并不只是包含传统模式的价值创造，同时还包含对新价值的创造。胡宗良（2007）提出价值创造应包含实现价值创造水平的提高和创造新的形式价值两部分主要内容，一是在提供产品和服务时要提高为客户提供价值的水平，二是企业实现价值创造不能是简单地重复传统模式的价值创造，还要不断进行价值创造方式的创新。在研究中学者认为企业价值创造范围也在发生变化，Zott 和Amit（2010）指出企业价值创造范围已不是传统的仅在企业内部进行，而是突破了企业边界，并出现了跨组织边界的价值创造模式。在价值创造行为研究中，王昶等（2019）归纳得出业务拓展、共享协同、业务管理以及支持服务是集团总部实现价值创造的四个重要组成部分。

（2）价值创造影响因素。

企业在价值创造中包含一系列动态、复杂的过程，企业在实现价值创造过程中受到多方面因素的影响。在多方面因素的共同作用下企业进行价值创造，不同因素对于企业价值创造带来的影响存在差异，本小节对企业价值创造的影响因素进行介绍。现有关于企业价值创造影响因素的研究中，既有基于企业内部视角，研究企业自身因素对企业价值创造的作用，也有基于企业间视角，研究企业间的网络组织对企业价值创造的影响，此外，还有基于企业外部环境视角，研究外部作用因素对企业价值创造的影响。

从企业内部因素来看，涉及所有制、研发支出、成本、商业模式、企业战略和制度等因素。李粮（2019）为分析期间费用支出对企业价值创造影响，利用我国 2007~2016 年 A 股上市公司数据对两者关系进行了实证检验，结果发现期间费用能够为企业创造长期价值。杜剑和于芝麦（2018）为分析成本黏性对并购企业价值的影响，利用我国 2004~2016 年 A 股上市公司为样本进行实证分析，实证结果表明成本黏性对并购企业价值有明显的正向促进作用。Styles 和 Goddard（2004）指出企业实现更多的价值需要提升运营效率，但更重要的是创新企业战略和制度，企业战略和制度的优化比运营效率的改善更有利于企业价值提升。Lins（2003）、Maury 和 Pajuste（2005）发现企业股权结构会影响企业价值。杨蕙馨和张金艳（2019）通过案例纵向分析方法，发现企业在运用颠覆性技术获得价值创造的优势过程中，商业模式创新是关键，商业模式创新中的价值主张、价值创造、价值网络以及价值实现四个关键维度有利于颠覆性技术价值潜力释放带动创造价值优势。同时颠覆性技术创新推动企业价值优势由传统经济价值优势逐步向顾客价值优势和伙伴价值优势转变。阮素梅等（2014）以我国 2009~2011 年 A 股上市公司为研究样本，并构建分位数回归模型对上市公司的价值创造能力异质性进行分析，结果表明公司所有制、股权制衡度以及公司规模均会对价值创造能力产生影响。阮素梅和杨善林（2013）为研究所有权和控制权对上市企业价值创造的作用机制，以我国 2000~2010 年 A 股上市公司为研究样本，并建立多元线性回归模型。研究发现上市公司所有权和控制权既单独影响企业价值创造能力，同时两者对价值创造能力的影响也存在协同效应。一方面所有权和控制权均会正向促进企业价值创造能力的提升；另一方面所有权和控制权会协同促进企业价值创造能力的提升，且这种协同效应会在一定程度上抵消国有上市企业价值创造能力不高的影响。

从企业间和企业外部因素来看，企业间的网络组织和协作网络有利于实现价值创造。卢福财（2005）认为单个企业与网络组织相比缺少网络组织独特的协同效应，参与网络组织的企业可以通过网络组织的协同效应获得更多的价值创造，尤其是一些实力不强的企业可以借助网络组织获得提高自身竞争力的资源。有学者认为协作网络会形成价值创造，并从协作网络视角对价值创造的基本要素进行了分析。卢福财和周鹏（2006）指出企业通过网络化的方式能够更好地实现资源的有效匹配，产生协同效应，网内相关企业通过网络组织获得更多收益。价值创造的外部因素还有社会发展、企业社会责任、环境管制等。杨学成和陶晓波（2015）发现随着社会化进程的加快，社会化商务活动更加频繁，在价值链中实体价值链已和虚拟价值链融合成了价值矩阵，带动价值链向价值网络演进，逐步凸显社会价值共创模式。张荣光等（2018）通过构建计量模型并运用我国 2013 ~ 2017 年 A 股上市公司中高能耗、高污染行业企业为数据样本，分析环境管制和市场竞争对企业价值的影响。实证结果表明，环境管制力度的加强会有利于企业价值创造水平的提升，并有利于淘汰落后产能和提高市场份额。市场竞争会通过降低企业边际利润推动企业加强自身环保投入、加快转型升级。同时，市场竞争既会直接影响企业价值创造水平，而且对环境管制与企业价值之间关系也具有调节作用。Husted 和 Allen（2007）指出企业社会责任是企业价值创造的良好源泉。刘建秋和宋献中（2010）研究了社会责任与企业价值创造水平之间的作用关系，发现企业承担社会责任会正向作用于价值创造水平，企业承担社会责任也会通过提升企业信誉资本促进企业价值，且这种作用关系是相互作用和协同演化的过程。企业承担社会责任会促进企业的价值创造和企业绩效的提升，而价值创造水平和企业绩效的提升又反过来会促进企业有能力进行更多的信誉投资，并承担更多的社会责任。

1.2.3.2 互联网与价值创造相关研究

在互联网作用下，传统企业与互联网的融合不仅显著提升了企业价值创造水平（Barua 和 Whinston，2000），而且带动企业价值创造发生了多方面变革，具体表现在企业价值创造内涵的不断延伸、价值创造网络的形成以及用户参与企业价值创造关系的变化上。

互联网经济与传统经济体系价值创造在载体、方式与逻辑方面的差异。在价值创造载体方面，互联网时代价值创造的载体从单一的价值链转变成了价值商店与价值网络两种价值经营模式。在价值创造方式方面，罗珉和李亮宇（2015）认为互联网时代的价值创造不仅需要依靠技术和市场，而且要重视顾客对于价值创造的作用。王水莲等（2019）认为在互联网背景下利用共享平台有利于促进共享经济发展，共享平台可以提高资源整合、供需匹配以及价值共创实现价值创造。邵洪波和王诗桷（2017）认为互联网技术的创新推动了共享经济发展，实现了对闲置资源的高效利用，提升了消费者福利水平，同时改变了企业价值创造方式。郑云坚等（2017）从价值网络视角提出了共享经济实现价值创造的新范式，指出交易成本大幅度降低进而使得利用闲置资源共享获得价值创造成为可能，这是共享经济的本质，通过闲置资源的贡献实现了连接红利。在价值创造逻辑方面，余义勇和杨忠（2019）指出网络经济和信息技术的快速发展背景下，传统依赖于产品的价值创造逻辑正在发生改变，价值创造核心逐渐向依赖于服务和顾客体验的转变，价值共创成为重要的价值创造方式，且随着经济社会的发展，价值共创形式也在进一步丰富拓展。王素云和沈桂龙（2019）发现在信息技术快速发展的推动下，制造硬件和智能服务软件是制造业产品价值的构成部分，数据化投入是制造业服务价值创造的新模式，制造业服务化内涵正由价值增值向价值创造转变。

用户借助互联网能够更容易参与企业价值创造过程，用户和企业间形成价值共创关系。在互联网和信息技术的作用下消费者的沟通平台得以拓展，互动交流也变得便捷而频繁，进而在企业、消费者以及其他相关者之间形成了价值共创体系（Vargo 等，2008）。而价值共创是在价值创造主体之间进行资源整合和服务交换的动态过程（李靖华等，2019）。Chesbrough 于 2003 年就提出了开放式创新理论，该理论指出顾客是价值共创中的重要主体，但是还应发挥供应商、渠道商以及竞争对手对企业创新的重要作用（Chesbrough，2003）。在互联网经济时代，用户可以参与制造企业价值创造的各个环节，包括价值主张、价值创造、价值传递以及价值捕获等（董洁林和陈娟，2015）。与此同时，通过构建用户参与价值创造模型，分析价值共创模式下的价值创造机理。如金帆（2014）通过构建一个包含交易、流程以及服务三个维度的价值空间模型对云经济时代的企业价值创造机理进行了理论分析，分析表明传统竞争战略在云经济时代已经缺乏应用基础，而新的竞争战略则需依赖于在交易、流程以及服务三个方面的创新。同时，在新的价值生态系统中核心企业与客户之间是互利共生的关系，通过合作博弈实现对创造价值的共创共享。曾经莲和简兆权（2017）为研究互联网背景下的企业、顾客与环境如何实现价值共创的作用机理，构建了包含企业、顾客以及环境的价值共创型产品服务系统模型。在该模型中，企业、顾客以及环境通过互联网建立了有效的连接互动，可以实现在价值网络中的跨界流动、匹配以及整合，从而实现价值共创。从企业角度来看，企业通过了解顾客与环境的价值需求状况，同时结合企业自身资源整合能力提出包含产品和服务设计的价值主张，借助平台将企业的价值主张传递到客户手中，为顾客提供定制化产品服务。从顾客角度来看，顾客通过平台了解企业的价值主张之后可根据自身需求对企业的价值主张提出修改建议，从而实现产品对自身个性化需求的满足。为满足客户对产品和服务的各种需求，企业会在系统范围内进行各类资源的高效整合，且在产品的全生命周期中企业会为顾客提供可持续的产品服务。冯小亮等（2018）认为在共享经济时代，商业模式因受到社交媒体和营销主导逻辑改变的作用而发生变革。与此同时，顾客和企业之间的关系随之发生变化，商业模式变化的核心是客户与企业实现价值共同创造。在组织社会化、个性化需求和感知利益的驱动下，顾客借助无缝开放式创新、电商平台直销、自媒体营销和边缘中心化组织管理等平台，通过人际互动、信息分享、合作生产三种方式参与了企业价值共创，其中顾客创造的价值分为情感价值和使用价值两类。

在以上互联网与价值创造相关研究中，已有文献关注了价值创造、互联网与价值创造等问题。在价值创造内涵文献中既有从投入产出、生产成本等角度进行分析，也有从价值创造逻辑、价值创造形式以及价值创造行为等角度进行分析。在价值创造影响因素文献中，分析了影响企业价值创造的企业内部因素、企业间的因素以及企业外部因素。在价值创造企业内部影响因素中，所有制、研发费用以及成本等因素均会影响企业价值创造。在价值创造企业间的影响因素中，网络组织是影响价值创造的重要因素。在价值创造企业外部影响因素中，社会发展水平、环境规制以及社会责任会影响企业价值创造水平。在互联网与价值创造之间的关系中，分析了互联网对价值创造载体、价值创造方式以及价值创造逻辑的影响，并对互联网与用户价值创造进行了详细分析。

1.2.4 互联网、要素配置与价值创造相关研究

1.2.4.1 要素配置相关研究

价值创造始终是企业追求的目标，而企业实现价值创造依赖于要素投入。了解要素配置对于本书的研究十分重要。要素配置的内涵是十分丰富的，其原因在于两个方面：一是要素配置包含要素配置结构、要素配置效率以及要素配置模式等多个组成部分；二是企业生产要素的内涵在不断丰富，如在党的十九届四中全会中首次提出将数据作为一种要素参与收入分配。同时，不同要素在企业生产过程中的重要性也在不断变化。在梳理要素配置相关研究文献时，为紧扣研究主题，这里仅对劳动力和资本相关研究进行分析。通过梳理文献发现，已有关于对劳动力配置、资本配置、要素配置结构以及要素配置效率的研究常常是交叉在一起的，下面对相关文献再进行梳理。

产业升级与要素配置的关系。产业升级与要素配置结构和要素配置效率之间均有重要关系。韩江波和彭仁贤（2011）指出在产业升级过程中，要素配置是产业升级的微观特征。基于初级要素、资本要素以及高级要素分类基础，结合产业升级所需要素配置结构，将产业升级进行了分类，其中产业升级分为产业初级升级、产业资本升级和产业高级升级，同时就这三类产业升级之间的内在差异和联系进行了解析。产业升级是存在互补互促效应的要素在互补互促效应网络中进行

相互配置的过程，在产业升级过程中，要素配置结构在不断调整和创新，要素配置结构由初级配置不断向高级配置演化。韩江波（2011）以生产要素基本形态为切入点，研究要素配置结构与产业升级之间的关系。指出产业升级是生产要素配置结构演化的过程，并说明了工业化过程中生产要素配置结构由初级配置结构向高级配置结构不断演进，并伴随着工业化进程的加深，要素配置结构朝着更深层次的要素配置结构升级。韩江波和李超（2013）将要素划分成初级要素和高级要素，并就要素结构从初级向高级演化时不同产业升级过程中的主导产业变化情况、产业升级过程中的要素结构演化差异等问题进行了分析。同时根据研究产业升级过程中要素配置结构差异的作用机理对全球第四次产业转移中的产业升级要素配置结构变化情况进行研究。在此基础上，对我国产业升级与其他部分国家产业升级模式的差异进行分析。王鹏和尤济红（2015）采用全要素生产率分解法对我国三次产业物质资本存量进行了再次估算，对 1978～2013 年资本和劳动要素在三次产业结构调整中的配置效率进行检验，同时再次检验了要素配置的"结构红利假说"。分析结果表明资本和劳动要素都具有显著的"结构红利"效应，其中资本要素的红利效应较弱。史丹和张成（2017）采用我国制造业两位数行业为研究样本，对制造业的产业结构进行系统优化，结果表明要素结构和产出结构优化相互配套有助于促进制造业结构优化。

要素配置效率的影响因素研究。目前关于要素配置效率的研究较多集中于要素配置效率不高的原因。其中宏观经济环境、政府干预、要素价格机制不健全等均是要素配置效率不高的重要原因。张杰（2016）通过实证分析发现政府对要素市场的干预是导致要素市场配置效率不高的重要原因，且从总体上看政府干预对要素配置效率的影响呈倒 U 形关系，进一步分析发现，政府干预对资本要素配置效率的影响呈 U 形关系。在短期内，政府对要素市场的干预会刺激经济增长，促进要素配置效率的提高。但从长期来看，要素配置效率会因为政府的干预而受到抑制。刘翔峰和刘强（2019）指出在要素配置影响因素中，目前多方面制度对要素配置产生了阻碍，不利于要素市场化配置，其中包括土地、户籍、金融、技术创新以及数据管理等制度。同时，要素价格市场化机制不健全，竞争性要素市场体系尚未构建和要素市场发育程度低等问题，会造成要素配置结构失衡和资本配置效率下降。王强等（2015）采用 1995~2012 年 53 个国家的样本数据实证检验一国制度偏离对要素配置效率的影响，实证表明要素配置效率受到一国制度偏离的负向影响，且随着要素配置效率的下降，制度偏离的边际效应也逐渐减小。此外，还有部分因素对要素配置效率的影响并不确定，如贸易自由化短期内会促进要素配置效率提高，长期对要素配置效率的促进不明显。苏锦红等（2015）采用 OP 法对我国 1998~2017 年国有规模以上制造企业的全要素生产率进行了测算，并基于测算结果分析我国制造业要素配置效率。结果表明，在短期内贸易自由有利于企业的进入和退出，可以加速要素的流动，要素配置效率的提升，带动企业生产率的提高。从长期来看，贸易自由化并没有明显提高要素配置效率。

1.2.4.2 互联网与要素配置相关研究

在互联网不断发展过程中，互联网逐渐参与制造业价值链的各个环节甚至是产品全生命周期，对制造业资源配置方式产生了重要影响。表现在以下几个方面：一是以客户为中心。为满足消费者多样化需求，制造企业应利用社交网络和大数据等信息技术进行战略调整，并进行生产和组织方式的变革，推进定制化柔性生产，快速响应，实现专业化、细分化的长尾效应。二是人才利用社会化。互联网使得传统人的社会性受物理位置限制的情况得到改善，互联网改变了人类社会的交流模式，带动全方位、多层次的交流平台的出现，拓宽了社会成员进行信息交流和分享的途径。同时，在互联网的影响下产品的生产企业和消费者之间的交流更加便捷，生产企业生产产品后已不再需要通过多个环节即可将产品直接送到消费者手中，消费者也可以将使用产品的感受和建议直接向生产企业反馈，进而使得消费者也直接参与到制造企业的生产经营当中。三是创新资本配置渠道。企业借助互联网对生产经营过程进行更好的信息化管理，对企业经营数据进行整合，企业如需向金融机构办理贷款业务，金融机构可通过企业经营数据快速对放贷业务风险进行评判，可提升企业贷款效率，同时，借助互联网，金融机构可对放贷企业后续经营过程中的资金和产品等信息情况进行了解和管控，降低贷款风险和运营成本。四是制造资源云化。制造企业通过将制造资源和制造能力与网络化制造、ASP 平台以及物联网等新技术进行融合，可实现制造资源和制造能力的虚拟化、服务化，成为便于集中统一智能化管理的云制造资源池。从而为用户提供标准规范、可共享、按需使用、可随时获取、安全可靠、优质廉价的制造全生命周期服务（童有好，2015）。

在数字经济的驱动下，要素配置方式正在变革。借助互联网，数字经济驱动资本和劳动力等初级生产要素实现快速集聚，有利于资本和劳动力要素的优化配置。通常简单劳动力往往因技术和知识不足等原因无法完成复杂生产任务，而数字经济可以弥补简单劳动力在技能和知识方面的不足，强化资本对劳动力和知识的影响，实现资源有效配置（王娟，2019）。同时，数字经济也有助于提升要素配置效率。传统经济通过与互联网、大数据以及云计算等新技术实现融合，有助于在要素配置环节中形成公开透明的市场环境、精准的供需匹配、更低的交易成本及更完善的价格机制。此外，在要素自由流动过程中，互联网有助于产业之间、城乡区域以及国际之间的要素流程，实现产业结构、城乡区域以及国际之间的协调发展（荆文君和孙宝文，2019）。在互联网应用的技术进步要素偏向当中，互联网的普及对技术进步的劳动和资本要素偏向间存在差异，对技术进步的劳动要素偏向要强于对资本要素偏向，互联网显著促进了劳动者收入，而对资本效率的促进作用不明显（赵伟和赵嘉华，2019）。

同时，互联网对劳动力配置带来了多方面的影响，如互联网会影响就业（Kuhn 和 Skuterud，2004），提高就业质量和就业参与比例，促进企业女性就业比例等。Akerman 和 Gaarder（2015）等通过对挪威企业的调查发现，互联网能够改善劳动产出和技术型工人的生产率，在一定程度上具有劳动替代效应。毛宇飞等（2019）利用中国综合社会调查数据（CGSS）实证分析互联网对就业的影响，结果表明互联网提升了各类就业人员的收入水平。在互联网时代，劳动者易于通过网络平台这一特殊渠道获取更多的就业信息，网络带来的更便捷的信息交互，加强了雇主与雇员以及用户之间的沟通效率。企业能够更好地通过网络了解劳动力市场情况、就业者可以更好地通过网络了解市场需求情况，人力资本和社会资本的匹配效率大大提高，对就业者的决策带来影响。同时基于互联网技术创造的一些新的形式的就业岗位，就业者可根据实际的家庭和工作情况进行选择，提升了就业者的就业质量。王磊（2019）指出互联网对劳动就业产生了创造效应和冲击效应。其中，创造效应包含经济效益、社会效益以及时空效益，经济效益是指互联网帮助就业者创造了大量财富、拓宽产业发展空间，社会效益是指互联网有助于提升社会就业吸纳水平、缓解经济下行压力，时空效益是指互联网既降低了就业人员对岗位的搜寻成本，同时还提高了就业时间和空间的灵活性。冲击效应包含行业冲击、劳动关系冲击以及劳动者冲击。行业冲击是指随着互联网对部分劳动力的替代程度加深，一些传统劳动密集型行业受互联网冲击明显，需要转型升级。劳动关系冲击是指在互联网的作用下劳动关系的基础、劳动关系的主体以及劳动者基本要素发生变化。劳动者冲击是指劳动人工智能的到来对劳动者的技能水平和综合素质有了更高的要求，而我国现有满足人工智能发展的复合型技术人才还存在较大缺口。李飚（2019）分析了互联网对劳动者收入的作用机理，并运用2015年中国综合社会调查数据进行实证检验。研究发现互联网会显著提升劳动者的收入水平，使用互联网行为的劳动者的收入水平会有45.5%的提高。通过互联网对低技能和中高技能劳动者收入影响的差异分析，发现互联网对中高技能劳动者的收入影响不显著，而对低技能劳动者收入的促进作用更强。此外，互联网主要是通过降低劳动者寻找工作的搜寻成本和提高总体以及低技能劳动者的工作效率推动劳动者收入水平的提升。

已有研究还关注了互联网对大学生就业、女性就业和农村劳动力就业的影响。赵建国和周德水（2019）利用2010~2015年的多期中国综合社会调查数据（CGSS）实证分析互联网对大学生就业和劳动参与的影响。实证结果表明互联网能够明显提升大学生就业和参与劳动的概率，且互联网与社会交往对促进大学生就业存在显著互补效应，但对大学生的休闲与学习存在显著的替代效应。毛宇飞和曾湘泉（2017）利用中国综合社会调查（CGSS）数据就互联网与女性就业之间的关系进行了分析。结果表明，互联网对女性整体就业状况有促进作用，按自雇就业和非自雇就业分类发现，互联网对女性非自雇就业的影响效果要强于对女性自雇就业的影响效果。同时，在不同婚姻状况、学历和户籍的情况下，互联网对女性就业影响表现出明显的异质性。宁光杰和马俊龙（2018）基于我国家庭追踪调查（CFPS）2014 年数据实证分析互联网使用与女性劳动供给之间的关系。结果表明整体上互联网的使用有助于女性参与就业率提升，但在不同学历之间表现出差异性：一方面互联网有助于小学和初中学历的女性参与就业率提升，另一方面互联网对未受教育和高中学历女性群体的就业影响不明显。在就业结构中，互联网的使用使得女性群体在务农、自雇以及工资获得等不同就业类型中的结构产生变化。互联网更有助于女性减少务农概率，提升自雇和工资获得的概率。此外，互联网影响女性就业的作用机制在于互联网的使用有效降低了女性花费在家务劳动上的时间，同时女性可以通过互联网学习更多的知识提升人力资本水平。马俊龙和宁光杰（2017）基于我国家庭追踪调查（CFPS）2014 年度数据实证分析互联网使用与农村劳动力非农就业之间的关系。结论表明互联网的使用有助于提高农村劳动力成为自雇或工资获得者的概率。

1.2.4.3 要素配置与价值创造相关研究

已有研究表明，要素配置会影响企业价值创造，在已有要素配置和价值创造相关研究中，涉及资本、劳动力以及技术等要素配置对企业价值、生产效率等价值创造相关问题，其中要素配置又包括要素配置结构和要素配置效率问题。下面梳理了资本要素配置对企业价值创造的影响及人力和技术要素对企业价值创造的影响两部分内容。

在资本要素配置对企业价值创造的影响研究中，已有研究从企业负债、融资和资本深化等方面分析了资本要素对企业价值创造的作用。在资本结构研究中，既有学者研究发现制造企业的资本结构中负债的提高对企业价值具有正向影响，金辉和李秋浩（2015）基于 2008~2013 年我国 A 股市场中 156 家中小制造企业数据并构建门槛回归模型实证分析资本结构对企业价值的影响，研究发现中小制造企业的资本结构中负债正向促进企业价值的结论，负债越高，企业价值越大。另外，结果还表明我国 A 股市场中小制造企业的资本结构没有实现最优配置。也有学者得出企业负债水平不利于企业价值增长，毕皖霞和徐文学（2005）运用沪深两市 2001～2003 年电子制造企业数据研究制造企业负债与企业价值之间的关系，研究发现制造企业负债会负向影响企业价值增长。

还有学者研究发现企业资本结构负债对企业价值的影响表现为倒 U 形关系。李露（2016）运用沪市上市企业为研究样本，研究企业资本结构中负债比率水平与负债期限结构与企业价值之间的关系，研究发现适度的债务比例有助于企业价值提升，但存在最优债务水平使得当企业负债水平超过这一水平时反而不利于企业价值提升，即企业债务水平与企业价值间呈倒 U 形关系。一方面，合理的债务水平不仅能够使企业利用债务融资获得的资金进行有价值的项目投资和利用合理的负债进行节税，促进企业价值增长，而且债务契约能够促使企业减少非效率投资并有助于降低两权之间的代理成本。另一方面，当企业负债水平超过最优负债水平时，企业容易盲目地进行大规模投资，难以保证预期的投资收益甚至出现亏损，从而使得企业价值水平下降。

在企业融资结构相关研究中，肖宇和田侃（2020）运用 2000～2009 年工业企业数据、海关匹配数据以及世界投入产出表为数据样本，实证分析企业融资杠杆率与企业所处全球价值链位置之间的关系。结果表明融资杠杆率对企业全球价值链攀升存在负向作用，虽然信贷扩张能够帮助企业在短期内解决企业资金困难和市场冲击，但长期来看，"大水漫灌"式的信贷扩张会导致企业资源配置效率降低，并忽视企业发展过程中的深层次问题，不利于企业的长远发展。王燕妮和杨慧（2018）基于 2009～2016 年 A 股市场中 13973 家企业样本研究企业资本化研发与企业价值的关系以及融资方式对企业资本化研发与企业价值关系的作用。实证结果表明，企业资本化研发有利于企业价值水平的提升，企业资本化研发会向市场传递企业研发能力实力和研发成功的积极信号，带动市场和投资者对企业的信心，提升企业价值水平。此外，资本化研发对企业价值水平的影响与企业融资约束的方式有关，内源融资和负债融资会正向促进资本化研发对企业价值的提升效果，而股权融资则会抑制资本化研发对企业价值的提升效果。陈旭和哈今华（2016）以 A 股市场 2012～2015 年 536 家上市公司为研究样本，并构建模型实证分析资本配置与企业业绩之间的关系，结果表明我国上市企业在财务资本和物质资本方面投入过多，而在技术资本和人力资本方面投入不足，不利于企业的自主创新能力的提升。

同时，已有研究还就人力和技术要素对企业价值创造的作用进行了研究，关注了不同要素间的价值创造贡献、要素结构优化以及要素配置效率等问题。许秀梅（2016）利用 2008~2014 年的上市企业样本，从人力异质性视角分析了技术资本、人力资本对企业价值的作用。结果表明技术资本、同质性人力以及异质性人力对企业价值均有正向促进作用。其中技术与同质性人力存在替代效应、技术与异质性人力存在互补效应，且互补性仅在高技术企业中显著，与互补效应相比替代效应更为突出。此外，技术与同质性人力的替代效应以及同质性人力的贡献伴随着技术水平的提升不断减弱，而技术与异质性人力的互补效应以及异质性人力的贡献伴随着技术水平的提升不断增强。孙晶（2019）实证分析了技术资本对创新型企业价值的影响，并利用夏普利值分解法研究了物质资本、人力资本、技术资本以及行业竞争等因素对创新型企业价值贡献的差异。结果表明技术资本是创新型企业价值提升的核心动力，技术资本的贡献要强于物质资本、人力资本以及行业特征等因素。而行业竞争与人力资本两个因素在企业价值差异扩大过程中至关重要，呈现出与技术资本价值驱动的互补性。程虹等（2016）运用我国企业—员工匹配调查（CEES）数据研究劳动力技能结构与企业全要素生产率之间的关系，结果表明劳动力技能结构的提升有利于企业全要素生产率水平的提高，劳动力结构优化会促进企业技术水平的提升，促进企业全要素生产率的提高。纪雯雯和赖德胜（2015）在将劳动分为低技能劳动和人力资本的基础上，采用随机前沿超越对数生产函数模型对我国 1997~2012 年 30 个省市的全要素生产率进行了测算，并利用 Kumbhakar 模型对全要素生产率进行分解。结果发现要素配置效率不高制约了全要素生产率的增长，且配置效率表现出物质资本和劳动低配，人力资本高配，模拟结果表明人力资本配置效率的改善最有助于提升全要素生产率水平。

在互联网、要素配置与价值创造相关的研究中，已有文献分析了要素配置、互联网与要素配置之间的关系以及要素配置与价值创造之间的关系等问题。在要素配置相关研究，已有文献关注了产业发展与要素配置之间的关系，发现产业升级受到要素配置结构和配置效率的影响，在产业升级过程中伴随着要素配置结构和配置效率的不断变化。已有研究还重点关注了宏观经济环境、政府干预、要素价格机制以及贸易自由化等因素对要素配置效率的影响，同时还关注了企业资本配置效率问题，并就企业规模、政府干预以及信息不对称等因素对要素配置效率的影响因素进行了分析。在互联网与要素配置之间的关系中，分析了互联网对要素配置方式的影响，并分别就互联网对劳动力配置、互联网对资本配置的影响单独进行了介绍。在要素配置与价值创造之间的关系中，分别对资本要素配置对价值创造的影响、劳动力配置对价值创造的影响进行了分析。同时，分析了互联网与资本要素之间的关系、互联网与劳动力之间的关系、互联网与其他要素之间的关系，并解析了互联网对要素配置的作用机制。此外，还就资本和劳动力等要素的配置结构和配置效率对企业价值创造的影响进行了分析。

1.2.5 文献评述

通过对已有研究进行梳理总结可以看出，经过国内外学者长期研究和实践探索，在互联网经济、企业价值创造、要素配置、互联网与要素配置以及要素配置与价值创造等方面取得大量研究成果。特别是近年来，在政府高度重视互联网与制造企业深度融合的背景下，一些研究在理论和技术等方面取得了重要进展，这为后续进一步深入研究奠定了坚实的基础，也为本书开展研究提供了重要的理论参考。

通过分析，发现已有研究存在的不足恰好对本书研究有启发作用。①已有研究存在的不足之处。已有研究中关于互联网在经济发展中作用研究文献较多，但是对于互联网与制造企业价值创造规律与发展研究较少、文献零散。第一，对互联网与制造企业深度融合背景下的制造企业价值创造的内涵与特征研究没有一致性的结论。第二，对互联网与制造企业深度融合背景下的制造企业价值创造现实情况（包括内涵、模式和路径等）分析零散。第三，现有互联网对制造企业价值创造研究主要停留在定性分析层面，价值创造机制研究不多、系统性不强，且从要素配置视角研究这个作用机理的更少。②已有研究对本书的启发。已有研究基础和不足之处对本书开展研究有重要启示：一是已有研究说明了深度融合背景下制造企业价值创造模式和逻辑等方面发生了变化，但对互联网与制造企业价值创造之间的作用机理研究不足，对作用机理进行系统分析是下一步研究的重要工作；二是互联网会影响制造企业的要素配置，改变了制造企业要素配置结构和配置效率，但缺乏从要素配置视角研究互联网对制造企业价值创造的作用机理。因此，基于要素配置视角分析互联网对制造企业价值创造的作用机制既具有可行性又有重要研究意义。

1.3　研究思路与研究内容

1.3.1　研究思路

在前文的内容中，对本书的研究背景与研究意义进行了说明，通过介绍研究背景引出本书的研究问题，通过研究意义分析找到本书选题的研究价值。在了解本书的研究问题和研究意义的基础上，前文继续围绕研究问题进行了相关文献综述，通过了解研究现状，为本书研究提供了研究思路。下面就本书的研究思路进行介绍。

首先，明确本书的主题是互联网对制造企业价值创造的影响研究。通过对现实情况和已有研究的总结发现，随着互联网发展水平的不断提高，越来越多的制造企业提升了对互联网的使用水平，制造企业利用互联网进行转型升级，互联网越来越成为制造企业生产过程中的一种重要投入。制造企业增加互联网的使用对制造企业具有颠覆性的影响，互联网改变了制造企业的研发、生产、营销以及服务等流程，还改变了制造企业的价值创造模式和价值创造水平，与此同时，当前国家也正在大力推进互联网与制造企业深度融合发展，并出台了一系列相关政策文件。因此，互联网对制造企业价值创造带来了影响，且这种影响的确存在且有意义。

其次，本书的研究主题进一步聚焦在基于要素配置视角的互联网与制造企业价值创造问题上。一方面，互联网会直接作用于制造企业价值创造，对制造企业价值创造有直接的作用。另一方面，从前文分析内容可知在互联网影响制造企业价值创造的过程中，要素配置是一条重要的作用途径，互联网要影响制造企业价值创造，必然会通过改变制造企业要素配置这一途径作用于制造企业价值创造。互联网会改变制造企业的要素配置结构和要素配置效率，而要素配置结构和配置效率的改变则会影响制造企业价值创造。因此，要素配置是研究互联网与制造企业价值创造两者之间关系的重要研究视角。

在确定本书的研究主题之后，如何搭建分析框架是本书需要考虑的问题。结合主要研究问题，本书应紧紧围绕要素配置这一研究视角，在一个分析框架下研究互联网对制造企业价值创造的影响。一方面，互联网越来越成为制造企业价值创造过程中的一种重要投入，互联网已嵌入到制造企业价值创造的研发、生产、营销以及服务环节当中，对制造企业在各个价值创造环节产生重要影响；另一方面，互联网还对制造企业的要素配置存在明显影响，互联网通过要素配置影响制造企业价值创造。在逻辑上这两个方面不是各自独立的，而是共为一体的。其原因在于，互联网作为一种投入对价值创造环节的影响既是微观分析互联网对价值创造的影响机制，同时也是要素配置视角的一部分。互联网虽然还不具备像劳动力和资本要素那样同等地位，但是互联网作为制造企业的一种重要投入或者是一种重要资源已在许多研究中被广泛认同。因此，本书从以上两个方面展开分析在逻辑上是可行的。

根据这一研究思路，本书基于要素配置视角下的互联网对制造企业价值创造的影响这一研究主题，将研究内容分为三大部分：一是互联网对制造企业价值环节的影响，研究了互联网在制造企业研发、生产、营销以及服务环节的使用对制造企业价值创造的作用机制；二是互联网、要素配置结构与制造企业价值创造，研究了互联网如何通过影响要素配置结构作用于制造企业价值创造；三是互联网、要素配置效率与制造企业价值创造，研究了互联网如何通过影响要素配置效率作用于制造企业价值创造。

互联网对制造企业价值创造的影响研究

这里需要特别说明的是，本书在研究要素配置结构时包含劳动力结构和资本劳动力结构，而没有涉及资本结构，即资本要素内部结构，如固定资本与流动资本结构、有形资本与无形资本结构等①。其原因在于，互联网虽然会改变企业资产轻重关系，即重资产经营与轻资产经营问题，但是这种改变并不是单向的，在互联网时代，有的制造企业可能会选择轻资产经营之路，把生产过程外包出去，有的制造企业也可能会选择重资产经营之路，比如用机器人取代非技能型员工建智慧工厂。互联网最有可能改变的是劳动力结构和资本劳动力结构，后者反映企业资金投入中用于设备等物质资产部分与用于人力资本等非物质资产部分的比例关系。从另一个角度来讲，在进行实证分析时，资本要素的内部结构的数据也比较难获取。因此，本书从劳动力结构和资本劳动力结构两方面关注要素配置结构下的互联网与制造企业价值创造问题，而没有单独分析资本要素配置结构。

1.3.2 研究内容

本书首先对与研究主题相关的文献进行梳理，从而了解研究现状和发展趋势。在此基础上，进一步围绕本书研究主题"互联网对制造企业价值创造的影响研究——基于要素配置视角"构建理论分析框架并进行理论分析。接着结合理论分析，进行相应的实证检验。本书最后在总结全书的基础之上，提出促进我国制造业发展的政策建议。

第1章，引言。为对本书的研究价值、研究意义和可行性进行说明，该部分就本书的研究背景、研究意义、研究现状、研究内容以及研究方法进行阐述，在此基础上形成本书的技术路线图，并就本书的创新与不足之处进行说明。其中，综述包括互联网经济相关研究、互联网与经济发展相关研究、互联网与价值创造相关研究等四部分内容，并对研究现状进行评述，从而基于已有研究基础，发现已有研究的不足之处，为本书发现研究问题、找准研究方向。

第2章，互联网对制造企业价值创造影响的理论分析。理论分析重点围绕三

① 资本结构在财务学中一般还指融资结构，它用来反映资本来源或融资方式。这里不是指这个意义上的资本结构，而是指经济学中的资本要素内部结构，即资本要素具体形态比例关系。

个方面展开：一是将互联网作为一种重要投入，分析制造企业使用互联网对制造企业价值创造环节的影响；二是互联网通过要素配置结构影响制造企业的价值创造，其中要素配置结构包含劳动力结构和资本劳动力结构；三是互联网通过要素配置效率影响制造企业的价值创造。

第3章，互联网对制造企业价值创造环节影响的实证检验。理论分析部分从互联网嵌入制造企业的研发环节、生产环节、营销环节以及服务环节多个方面论证互联网对制造企业价值创造环节的影响，并在此基础上提出研究假设。本章基于世界银行中国制造企业调查数据对理论分析部分提出的研究假设进行实证检验。

第4章，互联网、劳动力结构与制造企业价值创造的实证检验。理论分析部分构建基于微笑曲线理论并结合企业生产任务数理模型，通过构建理论模型解释互联网会通过制造企业劳动力结构高级化间接促进制造企业价值创造水平提升的作用机制，并在此基础上提出研究假设。本章基于上市公司数据对理论分析部分提出的研究假设进行实证检验。

第5章，互联网、资本劳动力结构与制造企业价值创造的实证检验。理论分析部分分析了互联网通过影响资本劳动力结构促进制造企业价值创造的作用机制，并在此基础上提出研究假设。本章基于上市公司数据对理论分析部分提出的研究假设进行实证检验。

第6章，互联网、要素配置效率与制造企业价值创造的实证检验。理论分析部分从互联网对要素配置效率的影响和互联网、要素配置效率与制造企业价值创造两个方面阐述互联网如何通过影响要素配置效率促进制造企业价值创造的作用机制，并在此基础上提出研究假设。本章基于上市公司数据对理论分析部分提出的研究假设进行实证检验。

第7章，研究结论与展望。本章对前文研究进行总结：一是对各章节的实证结论进一步提炼从而归纳得出研究结论；二是根据前文的研究结论提出有针对性、操作性强的对策建议，起到理论指导实践的效果；三是由于研究时间和目前研究水平的限制，本书围绕互联网与制造企业价值创造这一主题开展的研究内容，在研究视角、研究深度方面存在视角不广、深度不够的问题，但这一主题仍存在许多可以研究的问题，本章对下一步研究方向进行说明。

本书的研究内容框架如图1-3所示。

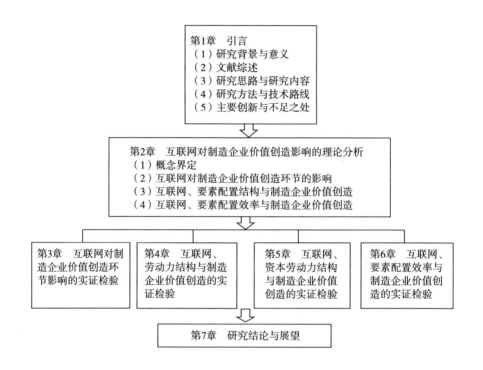

图1-3 研究内容框架

1.4 研究方法与技术路线

1.4.1 研究方法

研究方法是解决研究问题的重要手段，根据研究问题的不同，采取的研究方法存在差异，本书重点要解决的是要素配置视角下互联网与制造业价值创造问题，该问题既是一个较强的理论分析问题，同时也是一个实证检验问题，因此本书采用了理论和实证相结合的方法，力争对本书涉及的研究问题进行科学合理的解释，揭示内在的作用机制，找到经验证据。在书中具体采用了以下研究方法：

一是逻辑演绎法。逻辑演绎法是社会科学领域广泛使用的基本研究方法。本书在对要素配置视角下的互联网与制造企业价值创造机制进行理论分析时，采用了逻辑演绎法。其中，在进行互联网对制造企业价值创造环节影响的理论分析时，通过逻辑演绎法分析互联网在制造企业价值创造各个环节的重要作用；在分析互联网、要素配置效率与制造业价值创造之间的关系时，通过演绎分析法剖析互联网对要素配置效率的影响以及互联网如何通过要素配置效率影响制造企业价值创造。以上表明本书在研究过程中借助了逻辑演绎法进行研究。

二是数理模型推导法。数理模型推导方法一直是经济学研究中的一种重要研究方法，常被用来把一些现实的经济学问题转化成数理模型问题。本书在理论分析中也借助了数理模型推导方法进行理论分析。其中，在分析互联网、要素配置结构与制造业价值创造之间的关系时，基于 Acemoglu 和 Restrepo（2018）构建的生产任务模型并引入互联网因素，通过数理推导方法提出研究假设。

三是实证检验法。本书的研究内容分为理论分析和实证检验两大部分：理论分析部分紧扣研究主题，通过逻辑演绎法和数理模型推导法相结合提出研究假设；实证检验部分对理论部分提出的研究假设进行检验。本书在实证检验部分，采用构建计量模型对前文提出的研究假设进行检验，在检验过程中构建了计量模型，用到的数据包括世界银行中国制造企业调查数据和上市公司企业数据以及区域层面数据，在回归结果分析时考虑内生性和稳健性。总的来说，在实证检验部分通过一系列模型分析和数据分析方法对要素配置视角下的互联网与制造业价值创造的作用机制进行分析，以此确保研究结论的可靠性。

1.4.2 技术路线

本书的技术路线如图 1-4 所示。

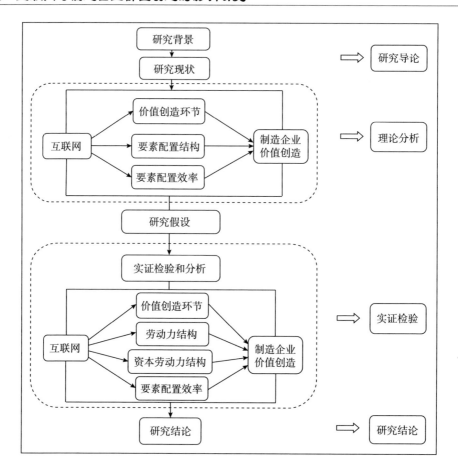

图1-4 本书的技术路线

1.5 主要创新与不足之处

1.5.1 主要创新

基于前文关于研究思路、研究内容以及研究方法的介绍，本书可能的创新之处在于以下三个方面：

第一，关注互联网对制造企业价值创造的影响，拓展制造企业价值创造研究理论。

本书沿着互联网与制造企业的发展现状、互联网与制造企业价值创造之间的关系、互联网如何促进制造企业价值创造这一研究路线，在理论上基于互联网这一新的研究切入点剖析制造企业价值创造的微观机制，在这方面对已有关于制造企业价值创造的理论进行了补充，是制造企业价值创造研究框架的一种拓展，这是本书的第一个创新之处。

第二，从制造企业价值创造的研发、生产、营销以及服务等多个环节，论证了互联网对制造企业价值创造的促进作用。

本书涉及的一个关键问题是互联网如何影响制造企业价值创造，在分析互联网如何通过其他作用路径影响制造企业价值创造之前，本书分析了互联网在制造企业的研发环节、生产环节、营销环节以及服务环节发挥的重要作用，通过理论分析和实证检验证明互联网对制造企业价值创造环节的作用，这是本书的第二个创新之处。

第三，从要素配置视角实证分析要素配置在互联网与制造企业价值创造中起到的作用。

要素是企业创造价值的基础，在研究互联网与制造企业价值创造之间的关系时，本书认为要素配置是一条重要的作用路径，而且需要了解要素配置在这一过程中如何发挥作用。本书通过逻辑演绎和数理模型分析相结合的方法，阐述了互联网、要素配置与企业价值创造之间的作用关系，同时结合上市公司数据对劳动力结构、资本劳动力结构以及要素配置效率等作用机制进行实证检验，即在要素配置视角下分析互联网与制造企业价值创造关系，这是本书的第三个创新之处。

1.5.2 不足之处

结合实际研究情况，本书有以下三点不足之处：

第一，对互联网与制造企业价值创造的作用机制分析不够全面。

本书从要素配置视角分析互联网对制造企业价值创造的影响。其中，将要素配置分成要素配置结构和要素配置效率，一方面分析了互联网如何作用于制造企业价值创造，另一方面对互联网如何通过要素配置结构和要素配置效率途径作用于制造企业价值创造进行了分析。而实际上互联网对制造企业价值创造的影响是多方面的，而本书仅从要素配置视角关注要素配置结构和要素配置效率，对互联网与制造企业价值创造之间的作用机制剖析不够全面。作用机制分析不够全面体现在以下两个方面：一是从作用途径来看，互联网对制造企业价值创造的影响是多途径的，本书仅从要素配置视角进行分析，研究视角单一；二是从要素配置视角来看，虽然要素配置结构和配置效率是从要素配置视角分析互联网影响制造业价值创造的关键维度，但是实际上要素配置模式也是互联网影响制造企业价值创造的重要维度。因此，本书对互联网与制造企业价值创造的作用机制分析不够全面。这是本书需要说明的第一点不足之处。

第二，在实证检验中，部分章节价值创造水平度量指标存在差异。

在已有研究中通常采用托宾 Q 度量企业价值创造水平，托宾 Q 是一个相对合理且能够全面反映企业价值创造水平的指标。在第 2 章的理论分析中，从各个环节分析了互联网对制造企业价值创造的影响，第 3 章在实证检验互联网对制造企业价值创造的影响时，需要制造企业在不同环节使用互联网指标，上市公司数据库以及其他数据库中均没有相应指标，而 2012 年世界银行中国企业调查数据中报告了该章实证检验需要的互联网指标。因此，在第 3 章进行实证分析时，采用了 2012 年世界银行中国企业调查数据。但使用世界银行调查数据同样存在问题，其价值创造水平指标难以度量。根据实际可获得指标情况，第 3 章中的制造企业价值创造水平指标采用了利润进行替代，虽然利润可以反映价值创造水平且已有研究中也有采用利润作为企业价值创造水平的度量指标，但在本书中仍然造成了第 3 章与其他实证章节的价值创造水平度量指标没有统一的问题。这是本书需要说明的第二点不足之处。

第三，在第 3 章互联网对制造企业价值创造环节影响的实证检验没有和前文的理论分析实现一一对应。

在本书第 2 章的互联网对制造企业价值创造环节影响的理论分析中，从互联网嵌入制造业企业研发环节、互联网嵌入制造业企业生产环节、互联网嵌入制造业企业营销环节以及互联网嵌入制造业企业服务环节四个方面展开分析。在第3章的实证检验中，本应从研发、生产、营销和服务四个环节分析互联网的使用对制造企业价值创造的影响，但是在实际调查数据中，可获得互联网多大程度上用于企业生产环节、互联网多大程度上用于营销环节以及互联网多大程度上用于服务环节，而没有说明互联网在多大程度上用于企业研发环节，造成理论分析和实证检验没有完全一一对应。这是本书需要说明的第三点不足之处。

2 互联网对制造企业价值创造影响的理论分析

在本书的第 1 章中，在了解研究背景和研究现状的基础上，对全书的研究思路进行了梳理，搭建了研究框架，为本书的后续研究工作奠定了基础。理论分析是本书探讨要素配置视角下互联网对制造企业价值创造影响的核心部分，决定了后续研究的意义和价值。本章按照前文的逻辑分析框架进行理论分析。

2.1 概念界定

本书在研究过程中涉及一些关键概念，清晰的概念界定可以使得研究问题更加聚焦，因此，需要对本书研究中出现的有关的概念进行界定，下面重点对互联网、制造企业价值创造和要素配置等相关概念进行界定。

2.1.1 互联网

在最初的定义中互联网指的是网络与网络之间所串联成的庞大网络，这些网络以一组通用的协议相连，形成逻辑上的单一巨大国际网络，又称为国际网络。狭义的理解是指互联网技术，广义的理解则涵盖了互联网技术、互联网经济、互联网应用、互联网社会等各方面的内容（黄文波等，2000）。Internet 计算机国际互联网始建于 1982 年，其前身来源于 1968 年美国国防部建立的实验网络（徐茜茜和朱进，1998）。然而，在具体的学术研究中，学者对互联网的观察视角越来越丰富，研究范围越来越广，已有研究既注重互联网网络平台发展问题，又关注互联网带来的互联网经济问题，还涉及互联网在一些产业发展过程中的作用机制等问题。

总体来看，互联网的内涵不是一成不变的，而是在不断演化和不断延伸的。从互联网发展自身来看，涉及互联网发展水平的变迁和互联网网络平台问题，因此部分学者以互联网平台作为对象研究网络平台问题以及随之带来的对经济发展影响问题（苏治等，2018；万兴和杨晶，2017；孙浦阳等，2017；岳云嵩和李兵，2018）；同时，部分学者从基于互联网条件下形成的虚拟集聚入手，研究互联网对产业组织变革的影响（宋华和卢强，2017；王如玉等，2018）。从互联网与区域经济发展来看，自互联网出现以来，互联网对区域经济发展带来的影响也逐渐成为关注的重点，特别是近年来创新发展、高质量发展受到重视。部分学者对互联网与区域创新效率、互联网与区域产业空间布局等问题进行研究（韩先锋等，2019；陈国亮和唐根年，2016）。从互联网与行业发展来看，在制造业层面，学者集中探讨了互联网如何促进制造业生产率提升的作用机制（卢福财和徐远彬，2019；黄群慧等，2019）；在服务业层面，在互联网发展带来高度联通的社会中，引起了广泛的资源重组与聚合，互联网对服务业的发展产生了重要影响（江小涓，2017），部分学者还对互联网与服务业的细分行业——生产性服务业的发展进行研究（卢福财和徐远彬，2018）。从互联网与企业发展来看，研究更多聚焦于互联网背景下企业业绩的改变（杨德明和刘泳文，2018）和互联网时代企业创新模式的改变与颠覆（张骁等，2019）。

本书这里研究的重点不是互联网自身的发展和网络平台，而是从互联网对制造企业影响这一角度，分析互联网在制造企业发展过程中所起到的作用。因此，本书中的互联网指的是制造企业使用互联网的水平。

2.1.2 价值创造

亚当·斯密第一次提出了商品的使用价值和交换价值，就为价值创造理论研究奠定了基础。随着价值创造的内涵不断丰富和拓展，价值创造理论也在不断演变。价值创造包含价值创造的逻辑、价值创造的能力以及价值创造水平等不同维度。在价值创造逻辑研究中，只有对价值创造模式特征进行清晰的分类，才能了解不同商业模式下的价值创造的逻辑，如盛亚等（2015）通过电子商务模式下的零售企业的商业模式及其构成要素关系进行分析，剖析零售模式的价值创造逻辑框架。在价值创造能力研究中，企业价值创造能力由组分能力、结构能力和动态能力三维构成（别晓竹和侯光明，2005）。阮素梅等（2014）讨论了企业的所有制性质、股权制衡度、公司规模等方面对企业价值创造能力的异质影响。在价值创造水平研究中，学者们从企业负债、价值创造效率水平、金融资产配置等方面进行了相关研究（陈艳利和姜艳峰，2017；李连燕和张东廷，2017；戚聿东和张任之，2018）。

通过分析可以发现，在已有价值创造研究的丰富成果中体现了价值创造这一概念的内涵，结合本书拟开展研究的实际情况，本书中的制造企业价值创造重点关注制造企业的价值创造水平，在后续研究中虽然有涉及部分企业的价值创造逻辑，但在这方面的探究并不深入，且在实证检验过程中，使用的测度指标也是制造企业价值创造水平。故本书这里的制造企业价值创造指代的是制造企业的价值创造水平，同时在分析过程中涉及价值创造逻辑。

2.1.3 要素配置

本书从要素配置视角研究互联网对制造企业价值创造的作用，要素配置是本书的重要概念，企业要素配置表示的是企业对生产要素的使用情况说明，本书根据结构和效率的关系将要素配置分为要素配置结构和要素配置效率。下面对本书研究中涉及的要素配置相关概念进行说明。

要素配置结构：表示生产要素的比例结构关系，根据结构范围又可以将要素配置结构分为单一要素内部的结构配置和不同要素之间的结构配置两种情况，像劳动力结构、资本结构分别是劳动力和资本要素内部的配置结构，而资本劳动力结构则表示资本和劳动力之间的配置结构。

劳动力结构：本书中的劳动力结构表示的是企业对不同技能劳动力使用情况的说明，书中将劳动力分为高技能劳动力和低技能劳动力两大类，高技能劳动力是指受教育水平较高的那部分劳动力，低技能劳动力是指受教育水平较低的劳动力。制造企业的高技能劳动力规模与低技能劳动力规模的比值可以在一定程度上度量企业的劳动力水平，劳动力结构变化本质上是制造企业通过调整对不同技能水平劳动力雇佣规模来满足日益变化的生产需求。

资本劳动力结构：表示的是制造企业的资本投入与劳动力投入的比值，资本劳动力结构变化本质上是制造企业通过调整资本劳动力配置方向进行内在要素配置优化的过程。在制造企业转型升级过程中存在要素偏向性的改变，从而带动对不同要素配置比例的变化，尤其是调整资本投入和劳动力投入之间的关系，有的倾向于提高对资本投入比例，有的则倾向于提高对劳动力投入比例。

要素配置效率：要素配置效率反映了要素的使用效率，在已有研究中要素配置效率的范围广泛，既有研究宏观区域层面的要素配置效率（黄剑辉，2014；金培振等，2015），也有研究中观行业层面的要素配置效率（张杰，2016），还有从微观层面研究企业要素配置效率（苏锦红等，2015）。本书关注的是微观层面的要素配置效率，故研究制造企业要素配置效率。

2.2　互联网对制造企业价值创造环节的影响

工业经济时代，不同物质资本先后成为生产要素，工业经济时代被划分成不同发展阶段。伴随着科学技术的发展，从工业 1.0、工业 2.0 到工业 3.0，由机械化、自动化向信息化转变，在工业 4.0 时代，网络化成为新时代工业领域的重要技术手段。以机械化为主要特征的工业 1.0 时代、以电气化为主要特征的工业

2.0时代、以信息化为主要特征的工业3.0时代以及以网络化和智能化为主要特征的工业4.0时代均为工业发展带来了新的生产要素。在工厂手工业、机器大工业以及知识信息工业阶段，土地、劳动力、技术、知识等均成为工业发展的重要因素投入。在互联网时代，互联网和基于互联网形成的大数据正在成为企业生产过程中的一种重要投入。

当前，互联网正在被广泛运用到制造企业的研发、生产、营销以及服务等价值创造环节。同时，基于互联网形成的大数据，也正被不同行业企业作为重点投入方向和获取的关键生产要素（胡贝贝等，2019）。在互联网时代，制造企业正经历着全流程的变革与创新，大数据相对传统生产要素而言更加重要和不可替代，作为新的生产要素，大数据正在设计、生产、销售等环节中发挥重要作用（马骏等，2018）。因此，可以说互联网将成为制造企业生产过程中不可或缺的重要投入，下面从多个方面对互联网在制造企业生产全流程中起到的作用进行分析。

2.2.1 互联网嵌入制造企业研发环节

2.2.1.1 传统研发模式

在传统制造企业中，研发、销售和售后等环节之间相对独立。传统企业的生产部门、运营部门以及销售部门之间往往是分工明确的，很少在业务上有需要几个部门同时参与的情况，部门之间往往是在产品流程的各个环节上进行衔接。从图2-1中可以看出，传统制造企业产品流程一般分为以下几个阶段：市场需求分析、产品研发、产品生产、产品销售、售后服务。第一阶段是市场需求分析，通过市场调研对当前受市场欢迎的产品以及下一步市场趋势进行分析，旨在确定下一步的研发方向和研发方案；第二阶段是产品研发，即在确定研发方案基础上开始产品研发，通常对于制造企业特别是一些拥有高技术含量的装备类制造企业，在产品研发这一阶段会耗费较长的时间，研发周期一般较长；第三阶段是产品生产，这一阶段是按照研发设计好的产品样品在流水生产线上进行规模生产，不会对研发过程中设计的产品特性进行修改；第四阶段是产品销售，传统制造企业往往有其自身固定的销售渠道和经销商，产品生产后只需按照流程对产品进行销售；第五阶段是售后服务，消费者在购买使用商品后，如遇到质量或者其他使用问题，需要厂家提供售后服务。传统的制造企业对产品的售后服务需要消费者将产品寄送回原厂进行处理或是技术人员上门进行维修服务。

图 2-1　传统制造企业制造流程

2.2.1.2　新型研发模式：众包研发

什么是众包研发？众包研发的本质是通过协作方式进行研发工作，协作依赖于互联网开展，通过互联网完成各项研发任务。众包不是传统的内包和外包，而是一种新模式的问题解决方法。众包研发的参与主体通常包含众包发起者和参与者，发起者是需要解决问题的一方，众包项目参与方则是为项目或任务发起者提供解决方案的一方或者多方。项目发起方和参与方通过众包平台对研发问题进行沟通并解决问题。在众包研发模式中，如果制造企业在研发过程中遇到问题，可以通过众包平台向大中小企业以及一些掌握相关技术的研发人员提出研发需求，开展协作研发。虽然项目发起者和参与者之间并不熟悉，但是众包网络平台为企业需求与闲置资源之间搭建了一种新的沟通桥梁。目前，在新产品研发、程序设计以及创意设计等领域已经广泛采用众包模式，并取得了不错的效果（冯小亮等，2018；彭凯平等，2018）。

2.2.1.3　研发模式比较

（1）由单向线性模式向网络协同模式转变。

传统研发模式是单向线性，在传统制造企业生产流程过程中，研发是介于市场需求分析和产品生产之间的一个环节，只有先进行市场需求分析再进行研发，然后才进行生产，传统研发模式企业的产品销售、售后服务等均与产品研发独立开来。传统研发新产品与下一次新产品的更新时间间隔较长，其他产品销售和售后服务等环节对企业研发的反馈效果周期较长，不能对制造企业研发形成良好的推动作用。同时，基于产品售后服务的产品反馈模式，企业的产品销售和售后服务与消费者的联系较密切，但这种模式的弊端在于企业的研发机构的研发人员与消费者之间缺乏沟通和联系，研发人员对用户直观感受和期望的一些产品功能并不了解，导致企业研发人员对市场需求了解滞后。

基于互联网形成的新型研发模式具有网络协同的特性，从图 2-2 中可以看出，传统企业的生产流程是单向线性的，市场需求分析、产品研发、产品生产、产品销售和售后服务这几个环节是按照流程来设计的，而基于互联网的新型研发模式中市场需求分析、产品研发、产品生产、产品销售等环节是并行的，这些不同环节均会作用于企业研发，在生产的过程中会直接对产品特性进行改进。同时，研发过程也不是独立的，在研发的过程中也会及时追踪市场需求和消费者的消费体验，及时调整研发方案。总的来说，互联网使得企业的研发过程由线性模式向网络协同模式转变。

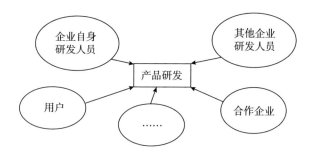

图 2-2　变革后的企业研发参与主体

（2）由单一研发主体向多主体共同参与转变。

传统制造企业研发主体参与方式通常有以下两种：企业自身研发部门、企业与专业研发机构或者高校研究机构建立合作。一方面，传统的自身单一主体的研发模式存在创新能力不足。企业自身成立的研发部门由于企业自身经济状况和规模的限制，对自身研发部门投入的人力和物质资本非常有限，特别是高技能水平的研发人员规模不足的问题，企业自身的研发能力偏弱和研发投入强度不足，导致企业产品创新能力不足，影响制造企业的价值创造水平。另一方面，创新研发的不确定性、专业研究机构或高校研究机构的机制体制等原因，造成研发的未来预期收益分配问题，使得企业与专业研发机构或者高校研究机构建立研发合作模式的共同研发效率较低。已有相关研究也表明，我国高技术产业产学研合作总体效率、协同创新效率不高（庄涛等，2015；董锋等，2018），技术创新阶段是制约技术转移效率提升的瓶颈（余元春等，2017），且目前在战略产学研联盟机制运行管理中还存在一些不容忽视的问题，如产学研合作不规范，合作效率不高，创新协同性不强、创新质量不佳，产学研各方利益共享机制不健全，信息资源无良好互动性等（王晓晨，2017）。

基于互联网研发平台的众包研发模式的参与主体方比较多，包含企业自身研发人员、合作企业研发人员、海内外研发机构、产品用户以及其他企业等参与主体。一方面，基于众包的新研发模式提高制造企业创新能力。众包模式使得制造企业通过寻找外部创新研发技术，实现对企业可利用资源边界的扩大，通过企业内部和外部的结合，借助互联网技术对制造企业外部的大众个体的智力资源、空闲时间、精力以及闲置资源等加以利用，实现外部资源的内部转化，提高自身的创新能力，这也是网络众包模式发起的初衷，即通过协作的方式实现生产创造水平提升，促进各方协作共享利益分配（赵轩维等，2019）。另一方面，基于众包模式的多方主体共同参与的协作研发效率更高。项目或任务方将需求放在众包研发平台上，并明确任务的截止时间和报酬，将项目发包给不特定的网络问题解决人员，接收方可在完成后提交解决方案，项目发起者根据问题的解决情况，择优付予相应的劳动报酬。这种利益分配模式简单且易操作，使得问题提出方和解决方案提供方都明确各自收益，进而使研发模式的效率也得以提高。

基于以上分析，提出研究假设1：

假设1：互联网在制造企业研发环节的使用会促进制造企业价值创造。

2.2.2 互联网嵌入制造企业生产环节

2.2.2.1 传统生产：个性化与大规模之间的矛盾

早在1989年，Davis提出大规模定制概念，在此基础上一些学者进行了相关研究（Pine 等，1993；Eastwood，1996）。大规模定制是未来制造业生产的趋势，但那时候还只是提出相关概念，真正实现大规模定制还存在一定困难，没有实现的基础。

早期的工业时代，个性化定制和规模生产之间存在着当时不可调和的矛盾，个性化定制的根本在于实现以用户为中心的个性定制和按需生产，有效满足市场多样化需求。因此，企业的制造流程和产品结构需要多样化，但规模生产则依赖于相对固定的产品结构和制造流程。而企业以追求利润实现经济效应最大化为目标，对生产效率更加重视。传统工业时代，企业更倾向于规模化生产，对消费者的个性化需求考虑较少。前文提到工业时代分为工业 1.0、工业 2.0、工业 3.0 和工业 4.0，目前正处在工业 3.0 时代向工业 4.0 时代过渡阶段，并没有完全进入工业 4.0 时代，以企业为生产主体，基于企业利润最大化为目标，造成的个性化定制与规模生产之间的这种矛盾并没有很好地得到解决。

2.2.2.2　互联网时代：大规模个性化定制

我国智能化制造水平正在不断提高。随着我国新一代移动信息通信技术的发展，互联网与制造企业逐步向深度融合方向推进，基于互联网的物联网技术正在广泛应用于制造企业的生产过程中的各个环节，推动制造企业智能化水平的不断提升，为制造企业价值创造带来新的增长动能。其实，智能制造发源于 20 世纪 90 年代日本推行的"智能制造系统 IMS"国际合作研究计划，通过开发由智能机器人和人类专家组成人机高度一体化的智能系统，充分发挥工业机器人和人类专家的智能作用，实现机械制造自动化向制造柔性化、智能化和高度集成化跨越发展。

国家对智能制造重视程度不断加深。近年来，我国在智能制造方面已经进行了相关部署，国务院及相关部门制定颁布了一系列相关政策文件，2016 年 5 月，国务院印发《关于深化制造业与互联网融合发展的指导意见》，2016 年 12 月，工业和信息化部、财政部联合制定了《智能制造发展规划（2016—2020 年）》。此外，2019 年 7 月，《工业和信息化部办公厅关于组织开展 2019 年制造业与互联网融合发展试点示范工作的通知》提出，围绕深化制造业与互联网融合发展，聚焦两化融合管理体系贯标、重点行业工业互联网平台、信息物理系统（CPS）、工业互联网大数据应用服务、工业电子商务、中德智能制造合作等方向，遴选一批试点示范项目，探索形成可复制、可推广的新业态和新模式，增强制造业转型升级新动能。从以上政策文件信息可以看出，未来我国制造业的重心将向智能制造方向靠拢，智能制造是我国制造业转型升级的重点。

智能制造助推大规模个性化定制发展。大规模个性化定制既要满足大规模生产的低成本和高效率要求，同时还要满足客户对产品的高质量和个性化需求，即能够以大规模生产的成本和速度实现单一客户或小批量个性化产品的生产。实现大规模个性化定制需要依赖于现代化的技术手段，通过对产品结构和制造流程的重新构建，创造出一系列的运作模式、技术支持、销售方式以及反应机制（马骏等，2018）。在推动我国智能制造战略背景下，新一代信息技术将变革现有的企业组织模式、重构企业生产要素配置，实现功能和质量的快速提升，满足现代社会中消费者不断变化的需求。制造业要实现智能制造并进行大规模个性化定制生产，大数据是关键，大数据可在数据采集、数据管理、订单管理以及定制平台等方面进行广泛应用（马骏等，2018）。

同时，在大规模个性化定制生产过程中，企业面临着许多不确定因素（如消费者需求偏好的变化、市场需求规模调整等），在传统生产模式下，满足大规模个性化定制是比较困难的，甚至会影响制造企业的资源配置效率、生产效率。大规模个性化定制生产模式迫使制造企业向高效率生产和柔性化生产转变，这依赖于企业内部、企业与外部企业等主体之间的大数据分析和数据间的流动共享。目前大数据、云平台的建立为建立完整的数据生产和数据流动体系打下了基础，下一步可以通过完善企业内部与企业间数据流动机制、提升数据管理技术水平，成为实现精准捕捉消费者需求变化、提升企业柔性化生产水平的重要支撑，实现智能制造和大规模个性化定制（李君等，2019）。

基于以上分析，提出研究假设2：

假设2：互联网在制造企业生产环节的使用会促进制造企业价值创造。

2.2.3 互联网嵌入制造企业营销环节

企业的价值是通过向消费者销售产品，满足消费者需求创造的（Normann 和 Ramirez，1993），其中通过营销满足消费者的需求是关键。在互联网时代，消费者的需求在不断变化，变得更加丰富、更加多样化，需要制造企业变革营销模式和拓宽营销渠道。互联网环境下的企业营销正逐渐从以产品为核心转向以消费者为核心（吴瑶等，2017）。一方面，以供给为导向的营销模式不再具有竞争优势，取而代之的是以顾客需求为导向的营销模式，这种模式能够更好地满足互联网时代下消费者的需求多样性（张罡等，2019）。另一方面，仅仅依赖传统的线下营销，渠道单一、受众面窄。在互联网背景下，需要充分利用互联网带来的网络和新媒体技术，将营销渠道从单一线下渠道向线上线下相结合的多渠道转变。下面从传统营销渠道和基于互联网背景下的现代营销渠道两方面进行对比分析。

2.2.3.1 传统营销竞争力不断下降

传统营销模式竞争力不断下降主要表现在以下三个方面：第一，传统营销受众群体较小。传统营销以线下营销为主，通常受区域范围和时间的影响，往往是在一定区域内开展营销活动，营销活动受众群体范围较窄，对产品的营销推广效果不好，达不到理想的营销目标。第二，传统营销用户黏性不足。一是传统营销消费者对企业产品的接触强度和次数比较低，消费者往往会在下一次购买时选择另一种替代性产品，即消费者的忠诚度不够。二是消费者之间通常不认识，且缺乏对产品使用情况的交流和分享，用户之间难以形成对品牌的共性认识。因此，传统营销模式下存在用户黏性不足的问题。第三，传统营销更强调对人力资本要素的依赖。传统营销依赖线下渠道，需要投入大量的人力，但随着社会的不断发展，人力资本成本越来越高，企业花费在营销上的人力成本不断提高，影响制造企业的价值收益。

2.2.3.2 现代营销竞争力不断增强

互联网背景下的现代营销不再是单一的线下营销，取而代之的是多渠道协同营销。早在 2005 年 Rangaswamy 和 Van 就提出通过两种及两种以上的营销方式向消费者提供信息、产品以及服务和支持的营销模式叫作多渠道营销模式（Ran-gaswamy 和 Van，2005）。现代营销模式的竞争力不断增强主要表现在以下四个方面：第一，现代营销受众群体广。现代营销渠道承载着线下和线上两大主体营销渠道的结合，基于互联网的线上营销模式则使得企业向消费者营销产品信息时不受时间和空间距离的影响，可接收到营销信息的受众群体较传统的仅仅依赖于线下营销模式更广泛。第二，现代营销用户黏性强。基于互联网的营销模式，可以通过大数据对已有客户和潜在客户的消费方式、消费偏爱、消费习惯等内容进行深度分析，发挥大数据的价值创造水平。一是可以通过大数据对已有客户进行分析，了解已有客户下一步的需求情况，维护并挖掘已有用户消费潜力。二是企业可以通过大数据分析对潜在客户进行产品精准推送，加强消费体验、提升消费者满意度。三是基于用户数据平台，客户之间可以对产品进行讨论交流，既有利于企业对产品的不足之处进行改进，同时又可以在不同消费者之间形成品牌效应，对企业产品的优良特点进行宣传。第三，现代营销成本较低。伴随着互联网技术的进一步发展，以及基于网络的线上营销模式不断成熟，线上营销渠道对人力资本要素的依赖程度越来越弱，越来越多地利用网络信息资源，而网络信息资源较人力资本的成本更低，使得现代营销模式较传统营销模式在成本上具有更强的竞争力。第四，现代营销多渠道形成协同互补效应。基于多渠道的现代营销模式存在极强的渠道间优势互补效应，线上渠道具有受众群体广泛的特点，线下渠道则具有能够与消费者进行面对面交流的便利性，在多渠道模式下，企业利用渠道之间的优势互补为企业创造更多价值。

基于以上分析，提出研究假设 3：

假设 3：互联网在制造企业营销环节的使用会促进制造企业价值创造。

2.2.4 互联网嵌入制造企业服务环节

在传统制造业服务模式中，制造企业的价值实现来源于通过销售产品满足消费者需求，销售规模是其价值创造的重要指标，而企业的售后服务通常不需要消费者额外支付费用，售后服务包含在产品销售的合同里。传统制造企业服务模式有以下三个特点：一是企业为用户提供服务常常需要"面对面"服务，受距离和时间的限制，服务效率低。二是传统制造业产品服务往往是限定在比较局限的服务范围，服务范围比较窄。三是传统制造业的服务不仅不能为企业增加价值、提高收入，而且需要耗费大量的人力和物力成本，企业往往还需要为此成立一个规模庞大、人员众多的售后服务机构。

在互联网背景下，制造企业服务化趋势显著，制造企业价值链不断向"微笑曲线"两端延伸，为企业实现更多的价值创造。一方面，互联网会促进生产性服务业的发展。在供给市场，互联网会促进生产性服务供给规模提升。其原因在于互联网有利于生产性服务交易成本的降低，生产企业对"面对面"生产性服务需求比重下降，使得企业提供生产性服务的服务成本下降，从而促进生产性服务供给规模的提升。在需求市场，生产企业能够借助互联网快速找到满足自身需求的生产性服务，搜寻成本大大降低，从而有利于生产性服务需求市场的扩大（卢福财和徐远彬，2018）。另一方面，大数据平台使得企业获得更多的用户数据，为企业制造业服务化创造了基础，而新一代信息通信技术正趋于成熟，工业互联网、智能制造是主要的应用场景，企业可以通过远程在线监测、服务以及实时向企业反馈产品使用情况，并可以提供增值服务，企业的价值创造来源从依赖于销售产品向提供服务转变，制造企业价值创造水平不断提升。

基于以上分析，提出研究假设4：

假设4：互联网在制造企业服务环节的使用会促进制造企业价值创造。

2.3 互联网、要素配置结构与制造企业价值创造

本书的研究主题是要素配置视角下互联网与制造企业价值创造，前一小节理论分析了互联网对制造企业价值创造环节的影响，本小节将理论分析互联网、要素配置结构与制造企业价值创造三者之间的关系，其中要素配置结构包括劳动力

结构以及资本劳动力结构两个组成部分，本部分旨在为理解互联网如何通过要素配置结构影响制造企业价值创造作出理论解释。

有学者构建了基于生产任务的劳动力就业与收入增长的模型，并通过在此基础上构建的基于生产任务的模型研究了机器与劳动力之间的竞争替代关系，而宋锦和李曦晨（2019）则在 Acemoglu 和 Restrepo（2018）的模型基础上从要素类别、要素投入决定机制等方面对该模型进行了拓展。本部分的研究对象是互联网如何通过要素配置影响制造企业价值创造水平，Acemoglu 和 Restrepo（2018）及宋锦和李曦晨（2019）基于任务的生产模型框架有助于解释本书的作用机理，因此本书沿用 Acemoglu 和 Restrepo（2018）、宋锦和李曦晨（2019）的模型分析框架，并根据本书的研究需要对模型进行了拓展，第一，将互联网变量引入模型中，第二，参照宋锦和李曦晨（2019）将高级技能劳动力、低级技能劳动力纳入模型中，考察互联网对制造企业要素配置结构的影响。其中，互联网对企业生产任务复杂度的影响是基于微笑曲线理论，微笑曲线理论表明当前我国制造业随着互联网时代的到来，企业的生产过程逐步从低价值的代加工生产阶段向高价值的研发和服务端移动。从而说明在互联网背景下，互联网对企业生产的复杂程度有明显的影响。

2.3.1 基本假设

假设经济中只有一种最终产品 Q，由连续任务 j 产生的产品 $q(j)$ 组成，具体的形式为：

$$Q = \left(\int_{j \in \Omega} q(j)^\rho \mathrm{d}j \right)^{\frac{1}{\rho}} \tag{2-1}$$

其中，$\rho = \dfrac{\sigma - 1}{\sigma}$，替代弹性为 $\sigma \in (0, \infty)$，$\Omega = [T-1, T]$。生产要素包括资本和高技能、低技能劳动力。假设单位任务的生产区间是 $[T-1, T]$，T 与单位任务的生产复杂程度有关，T 取值越大，生产任务越复杂，并假定高低技能劳动力的边界为 J，取值区间为 $[T-1, T]$。

面对需求的不断变化，制造企业需要通过使用互联网来满足消费者需求。从产品需求方消费者角度来看，当前消费者对产品的需求发生了变革性的改变，消费者一方面更加强调个性化消费，与以前的同类产品的消费观念有着很大的差别，如对拥有个性化汽车、个性化的服装等。另一方面消费者对产品售后服务、及时优质服务更加看重，能否及时获得良好的售后服务体验是消费者评判产品优劣的重要指标。从产品提供方制造厂商的角度来看，为不断提升企业自身竞争力，满足消费者日益变化的产品服务需求，使得制造厂商朝着个性化产品制造、实施在线售后服务，远程服务、在线下单等生产和服务模式，不断满足消费的需求，从而实现更多的企业价值。

随着互联网使用水平的提高，我国制造企业不断从价值链中端和末端向价值链前端转移，实现价值链升级（石喜爱等，2018；卢福财和金环，2019）。产业的价值链位置越高，则要求其产品的技术复杂度越高（金咪娜，2017）。企业生产任务的复杂度受到制造企业使用互联网的影响，制造企业使用互联网会提升生产产品任务的复杂性，即 $\partial T(I_{nt})/\partial I_{nt}>0$。因此，可假定：

$$T(I_{nt})=a_1 e^{bI_{nt}}，\ a_1，\ b>0 \tag{2-2}$$

同时，超过一定技术难度的任务则需要高技能劳动力完成，低于该水平的劳动力则可以由低技能劳动力完成。即假定一个高低劳动力技术边界 J，技术边界超过 J 时，生产任务中 $j>J$ 的部分只能由高技能劳动力生产完成；$j \leqslant J$ 的部分既可以由低技能劳动力参与完成，也可以由高技能劳动力参与完成。此外，由低技能劳动力完成的任务可由资本替代完成，高技能劳动力完成的任务则不能由资本替代完成。

2.3.2 生产函数

（1）对于 $j>J$ 的任务，生产只有高技能劳动力投入。高技能劳动力能够进行自主决策和自我管理、有效应对外部变化环境，减少无效劳动、学习成本以及资源浪费，从而提高生产效率（韩自然和芮明杰，2019；韩自然等，2017）。假设 $v_h(j)$ 为高技能劳动力生产率，表示高技能劳动力在生产复杂任务中的生产优势。a_2，$d>0$，$v'_h(j)=a_2de^{dj}>0$。则生产函数 $q(j)$ 可以表述成式（2-3）：

$$q(j)=\left[\frac{\eta}{1-\eta}m(j)^{\frac{\varsigma-1}{\varsigma}}+(v_h(j)h(j))^{\frac{\varsigma-1}{\varsigma}}\right]^{\frac{\varsigma}{1-\varsigma}} \qquad (2-3)$$

其中，$m(j)$ 是生产任务所需投入的中间产品；$\eta\in(0,1)$ 是生产函数的分布参数；$\varsigma\in(0,\infty)$ 是中间产品与高技能劳动力之间的替代弹性，$h(j)$ 表示任务 j 中投入的高技能劳动力。假定 $v_h(j)=a_2e^{dj}$，并令 $B\equiv(1-\eta)^{\frac{\varsigma}{1-\varsigma}}$，则生产函数 $q(j)$ 可以简化为式（2-4）：

$$q(j)=B\left[\eta m(j)^{\frac{\varsigma-1}{\varsigma}}+(1-\eta)(a_2e^{dj}h(j))^{\frac{\varsigma-1}{\varsigma}}\right]^{\frac{\varsigma}{1-\varsigma}} \qquad (2-4)$$

（2）对于 $j\leq J$ 的任务，根据前文假设低技能劳动力、高技能劳动力以及资本均可用于完成生产任务。低技能劳动力生产率在单位任务 $[T-1,T]$ 中取值为 $v_l=v(T-1)$，资本生产率在单位任务 $[T-1,T]$ 中取值为 $v_k=v(J)$。$l(j)$ 表示任务 j 中投入的低技能劳动力，$k(j)$ 是任务 j 中投入的资本。此时生产函数 $q(j)$ 则可表示为式（2-5）：

$$q(j)=B\left[\eta m(j)^{\frac{\varsigma-1}{\varsigma}}+(1-\eta)(k(j)+v_l l(j)+a_2e^{dj}h(j))^{\frac{\varsigma-1}{\varsigma}}\right]^{\frac{\varsigma}{\varsigma-1}} \qquad (2-5)$$

2.3.3 均衡条件

（1）静态均衡时单位任务 i 的生产成本由低技能工资率 w_l、高技能工资率 w_h 及资本报酬 w_k 决定。通常高技能劳动力的工资水平高于低技能劳动力水平，故假定 $w_l<w_h$。此外，假定资本报酬（w_k）包含资本成本（ac_k）和机会成本（oc_k），即 $w_k=ac_k+oc_k$，其中资本成本指的是制造企业取得资金的成本，且假定机会成本不变。

$$c(j)=\begin{cases}c\left(\min\left\{\dfrac{w_k}{v_k},\dfrac{w_l}{v_l},\dfrac{w_h}{v_h(j)}\right\}\right)=\left[\left(\dfrac{\eta}{\eta-1}\right)^{\varsigma}\psi^{1-\varsigma}+\min\left\{\dfrac{w_k}{v_k},\dfrac{w_l}{v_l},\dfrac{w_h}{a_2e^{dj}}\right\}^{1-\varsigma}\right]^{\frac{1}{1-\varsigma}}, & j\leq J\\[4mm] c\left(\dfrac{w_h}{v_h(j)}\right)=\left[\left(\dfrac{\eta}{\eta-1}\right)^{\varsigma}\psi^{1-\varsigma}+\left(\dfrac{w_h}{a_2e^{dj}}\right)^{1-\varsigma}\right]^{\frac{1}{1-\varsigma}}, & j>J\end{cases}$$

$$(2-6)$$

互联网对制造企业价值创造的影响研究

其中，$c(j)$ 是成本函数，ψ 是中间品价格指数。

（2）结合前文 $Q = \left(\int_{j \in \Omega} q(j)^{\rho} \mathrm{d}j \right)^{\frac{1}{\rho}}$，其中 $\rho = \dfrac{\sigma-1}{\sigma}$，存在：

$$q(j) = Q p(j)^{-\sigma} \tag{2-7}$$

由式（2-5）、式（2-7）可知：

当 $j \leqslant J$ 时，静态均衡时生产函数 $q(j)$ 则可表示为：

$$q(j) = Q c \left(\min\left\{ \frac{w_k}{v_k}, \frac{w_l}{v_l}, \frac{w_h}{v_h(j)} \right\} \right)^{-\sigma} \tag{2-8}$$

当 $j > J$ 时，静态均衡时生产函数 $q(j)$ 则可表示为：

$$q(j) = Q c \left(\frac{w_h}{v_h(j)} \right)^{-\sigma} \tag{2-9}$$

2.3.4 要素投入

2.3.4.1 要素配置范围

为完成生产任务，在对低技能劳动力、高技能劳动力以及资本要素的配置过程中，如果对任意的 $j \in [T-1, T]$，$\dfrac{w_h}{v_h(j)} < \min\left(\dfrac{w_k}{v_k}, \dfrac{w_l}{v_l} \right)$，则生产任务全部由高技能劳动力完成，低技能劳动力和资本均不参与生产，高技能劳动力的配置范围为 $[T-1, T]$。该情况与正常的企业生产要素配置情况不相符，故后面对 $\dfrac{w_h}{v_h(j)} < \min\left(\dfrac{w_k}{v_k}, \dfrac{w_l}{v_l} \right)$ 情况不予讨论。

如果在 $j \in [T-1, T]$ 范围内至少存在一个 j 的取值点，使得 $\dfrac{w_h}{v_h(j)} > \min\left(\dfrac{w_k}{v_k}, \dfrac{w_l}{v_l} \right)$ 或 $\dfrac{w_h}{v_h(j)} = \min\left(\dfrac{w_k}{v_k}, \dfrac{w_l}{v_l} \right)$，则必定存在 j^*，使得 $\dfrac{w_h}{v_h(j^*)} = \min\left(\dfrac{w_k}{v_k}, \dfrac{w_l}{v_l} \right)$，这是因为 $v_h(j)$ 是严格增函数，$v_h'(j) = a_2 d e^{dj} > 0$。此时，当 $j^* < J$ 时，资本 k 和低技能劳动力 l 的配置范围为 $[T-1, j^*]$，高技能劳动力的配置范围为 $[j^*, T]$；

· 64 ·

当 $j^* \geqslant J$ 时，资本 k 和低技能劳动力 l 的配置范围为 $[T-1, J]$ ，高技能劳动力的配置范围为 $[J, T]$ 。

综上可知，在生产过程中，生产任务范围 $[\min(j^*, J), T]$ 由高技能劳动力参与生产。当 $\dfrac{w_l}{v_l} < \dfrac{w_k}{v_k}$ 时，生产任务范围 $[T-1, \min(j^*, J)]$ 由低技能劳动力参与生产；当 $\dfrac{w_l}{v_l} > \dfrac{w_k}{v_k}$ 时，生产任务范围 $[T-1, \min(j^*, J)]$ 由资本参与生产；当 $\dfrac{w_l}{v_l} = \dfrac{w_k}{v_k}$ 时，生产任务范围 $[T-1, \min(j^*, J)]$ 由低技能劳动力或资本参与生产。

2.3.4.2 要素配置情况

单位任务所需的各类要素投入量为： $L^h = \displaystyle\int_{T-1}^{T} h(j)\mathrm{d}j$, $L^l = \displaystyle\int_{T-1}^{T} l(j)\mathrm{d}j$, $K = \displaystyle\int_{T-1}^{T} k(j)\mathrm{d}j$ 。结合上部分讨论的三种生产要素的配置范围，现在分析具体的要素配置情况。

第一，当 $\dfrac{w_l}{v_l} > \dfrac{w_k}{v_k}$ 时，完成生产任务时要素配置情况如下：

$$L^h = \int_{T-1}^{T} h(j)\mathrm{d}j = \int_{\min\left\{J, \ v^{-1}\left(\frac{w_h}{w_k}v_k\right)\right\}}^{T} Q v_h(j)^{\varsigma-1} c\left(\frac{w_h}{v_h(j)}\right)(w_h)^{-\varsigma}\mathrm{d}j \qquad (2\text{-}10)$$

$$L^l = \int_{T-1}^{T} l(j)\mathrm{d}j = 0 \qquad (2\text{-}11)$$

$$K = \int_{T-1}^{T} k(j)\mathrm{d}j = \int_{T-1}^{\min\left\{J, \ v^{-1}\left(\frac{w_h}{w_k}v_k\right)\right\}} Q c\left(\frac{w_k}{v_k}\right)^{\varsigma-\sigma}\left(\frac{w_k}{v_k}\right)^{-\varsigma}\mathrm{d}j \qquad (2\text{-}12)$$

第二，当 $\dfrac{w_l}{v_l} < \dfrac{w_k}{v_k}$ 时，完成生产任务时要素配置情况如下：

$$L^h = \int_{T-1}^{T} h(j)\mathrm{d}j = \int_{\min\left\{J, \ v^{-1}\left(\frac{w_h}{w_l}\cdot v_l\right)\right\}}^{T} Q v_h(j)^{\varsigma-1} c\left(\frac{w_h}{v_h(j)}\right)^{\varsigma-\sigma} w_h^{-\varsigma}\mathrm{d}j \qquad (2\text{-}13)$$

$$L^l = \int_{T-1}^{T} l(j)\mathrm{d}j = \int_{T-1}^{\min\left\{J, \ v^{-1}\left(\frac{w_h}{w_l}\cdot v_l\right)\right\}} Q v_l^{\varsigma-1} c\left(\frac{w_l}{v_l}\right)^{u-\varsigma} w_l^{-\varsigma}\mathrm{d}j \qquad (2\text{-}14)$$

$$K = \int_{T-1}^{T} k(j)\mathrm{d}j = 0 \qquad (2\text{-}15)$$

第三，当 $\dfrac{w_k}{v_k}=\dfrac{w_l}{v_l}$ 时，完成生产任务时要素配置情况如下：

$$L^h = \int_{T-1}^{T} h(j)\,\mathrm{d}j = \int_{\min\left\{J,\,v^{-1}\left(\frac{w_h}{w_k}v_k\right)\right\}}^{T} Qv_h(j)^{\varsigma-1}c\left(\frac{w_h}{v_h(j)}\right)(w_h)^{-\varsigma}\,\mathrm{d}j$$

$$K = \int_{T-1}^{T} k(j)\,\mathrm{d}j = \int_{T-1}^{\min\left\{J,\,v^{-1}\left(\frac{w_h}{w_k}v_k\right)\right\}} Qc\left(\frac{w_k}{v_k}\right)^{\varsigma-\sigma}\left(\frac{w_k}{v_k}\right)^{-\varsigma}\,\mathrm{d}j,\quad L^l = \int_{T-1}^{T} l(j)\,\mathrm{d}j = 0$$

或者

$$L^h = \int_{T-1}^{T} h(j)\,\mathrm{d}j = \int_{\min\left\{J,\,v^{-1}\left(\frac{w_h}{w_l}\cdot v_l\right)\,=\,v^{-1}\left(\frac{w_h}{r}\right)\right\}}^{T} Qv_h(j)^{\varsigma-1}c\left(\frac{w_h}{v_h(j)}\right)^{\varsigma-\sigma}w_h^{-\zeta}\,\mathrm{d}j$$

$$L^l = \int_{T-1}^{T} l(j)\,\mathrm{d}j = \int_{\min\left\{J,\,v^{-1}\left(\frac{w_h}{w_l}\cdot v_l\right)\right\}}^{T} Qv_l^{\varsigma-1}c\left(\frac{w_l}{v_l}\right)^{u-\varsigma}\,\mathrm{d}j,\quad K = \int_{T-1}^{T} k(j)\,\mathrm{d}j = 0$$

2.3.5 均衡

2.3.5.1 互联网、劳动力结构与制造企业价值创造

本小节旨在分析互联网是否通过要素配置结构水平影响制造企业价值创造。根据前文的模型分析可知整个生产任务分为两部分：一部分由高技能劳动力完成，另一部分由低技能劳动力或者资本生产完成。由低技能劳动力或者是资本完成的生产任务的价值创造水平为不变常数，整个生产过程的价值创造水平与其余由高技能劳动力完成的价值创造水平有关。只要制造企业因使用互联网带来的企业生产任务复杂度的提升促进由高技能劳动力部分 $\left(\left[\min\left\{J,\,v^{-1}\left(\dfrac{w_h}{w_l}\cdot v_l\right)\right\},\,T\right]$ 或 $\left[\min\left\{J,\,v^{-1}\left(\dfrac{w_h}{w_k}\cdot v_k\right)\right\},\,T\right]\right)$ 的价值创造水平提高，即可证明互联网对制造企业的价值创造水平有明显的正向促进作用。为使表达式简化，令 $J^0 = \min\left\{J,\,v^{-1}\left(\dfrac{w_h}{w_l}\cdot v_l\right)\right\}$ 和 $\min\left\{J,\,v^{-1}\left(\dfrac{w_h}{w_k}\cdot v_k\right)\right\}$。

制造企业生产任务的复杂度提升直接的表现是更多的生产任务由高技能劳动力完成，即高技能劳动力完成任务比重增加。这一问题从两个方面进行解释：一方面，在制造企业生产任务复杂度较低时，此时企业的生产流程固化，不易被改

变，每条生产线的生产流程是固定不变的，生产的产品样式单一，此时制造企业处于微笑曲线的下端，对低技能劳动力需求比例更大；另一方面，随着制造企业生产任务复杂性的提高，更多新的岗位被催生出来，其中更多的是一些具有高技能水平、高知识水平的工作岗位，带动了制造企业对高技能劳动力的需求规模，而且在制造企业生产复杂度提升时，原有的一些依赖于低技能劳动力的工作岗位被替代和淘汰。综合以上两方面作用，制造企业生产任务复杂程度的提升会促进企业提高对高技能劳动力的需求，提升高技能劳动力需求比例。

基于以上分析，现设定如下公式：

$$s = \frac{T-J^0}{J^0-(T-1)} = \frac{a_1 e^{bInt} - J^0}{J^0 + 1 - a_1 e^{bInt}} \tag{2-16}$$

其中，s 表示高技能劳动力完成生产任务与其他生产要素完成生产任务的比例。

参考已有文献，在生产任务 $[J^0, T]$ 之间的价值创造水平 E^h 为 $v_h(j)$ 函数在区间的均值，即 $E^h = \int_{J^0}^{T} v_h(j)\,\mathrm{d}j / (T - J^0)$。

$$\frac{\partial E^h}{\partial s} = \frac{\partial E^h}{\partial T} \cdot \frac{\partial T}{\partial s} = \frac{a_2 e^{dT}(T-J^0) - \int_{J^0}^{T} a_2 e^{dj}\,\mathrm{d}j}{(T-J^0)^2} \cdot \frac{1}{(s+1)^2} \tag{2-17}$$

$$\frac{\partial E^h}{\partial s} > 0 \tag{2-18}$$

同时，将式（2-2）$T(I_{nt}) = a_1 e^{bI_{nt}}$ 代入式（2-16）并求导，可得 $\dfrac{\partial s(I_{nt})}{\partial I_{nt}} =$

$\dfrac{a_1 b e^{bI_{nt}}}{(J_0 + 1 - a_1 e^{bI_{nt}})^2}$，又因为 $a_1 > 0$，$b > 0$。因此

$$\frac{\partial s}{\partial I_{nt}} > 0 \tag{2-19}$$

2.3.5.2 互联网、资本劳动力结构与制造企业价值创造

在前文的要素投入分析中，讨论了不同情况下的低技能劳动力、高技能劳动力以及资本要素的投入配置情况，并得出了在均衡条件下互联网会通过提升高低

技能劳动力比例关系促进制造企业价值创造水平提升。这里进一步分析制造企业对互联网的使用以及对资本劳动力结构之间的关系影响，研究互联网是否通过调整资本劳动力结构促进企业价值创造。

本部分讨论互联网对资本与劳动力之间结构变化的影响，根据前文的模型分析可知整个生产任务分为两部分：一部分由高技能劳动力完成，另一部分由低技能劳动力或者资本生产完成，低技能劳动力或资本参与生产任务范围为

$$\left[T-1,\ \min\left\{J,\ v^{-1}\left(\frac{w_h}{w_l}\cdot v_l\right)\right\}\right]\ \text{和}\ \left[T-1,\ \min\left\{J,\ v^{-1}\left(\frac{w_h}{w_k}\cdot v_k\right)\right\}\right]$$。其中，低技能

劳动力和高技能劳动力的参与情况则与 $\frac{w_l}{v_l}$ 和 $\frac{w_k}{v_k}$ 之间大小关系有关。当 $\frac{w_l}{v_l}>\frac{w_k}{v_k}$ 时，

生产任务由高技能劳动力和资本要素参与完成，当 $\frac{w_l}{v_l}<\frac{w_k}{v_k}$ 时，生产任务由高技能

劳动力和低技能劳动力参与完成，当 $\frac{w_l}{v_l}=\frac{w_k}{v_k}$ 时，完成生产任务由高技能劳动力和

资本要素或低技能劳动力参与完成。在上述三种情况中，$\frac{w_l}{v_l}<\frac{w_k}{v_k}$ 更符合一般制造

企业的生产情况，在传统制造企业生产过程中有许多低技能劳动力参与生产，初始条件下生产任务往往是由低技能和高技能劳动力共同完成，下面将对这种情况进一步分析。

在制造企业提高使用互联网水平的过程中，资本更倾向于投资具有发展前景的智能化制造企业，此类制造企业会更容易获得资金，获取资金的资金成本会下降，即互联网会促进资本成本（ac_k）下降，从而 $\partial ac_k/\partial I_{nt}<0$。同时，根据前文可知资本报酬（$w_k$）包含资本成本（$ac_k$）和机会成本（$oc_k$），$w_k=ac_k+oc_k$，其中机会成本不变。从而可得出：$\partial w_k/\partial I_{nt}<0$。

互联网会影响资本劳动力结构比例。一方面，互联网会提升制造企业资本要素和低技能劳动力的比例。随着制造企业互联网水平的增加，$\frac{w_l}{v_l}$ 和 $\frac{w_k}{v_k}$ 之间大小关

系必然会由 $\dfrac{w_l}{v_l} < \dfrac{w_k}{v_k}$ 向 $\dfrac{w_l}{v_l} > \dfrac{w_k}{v_k}$ 改变。生产任务由原来通过低技能劳动力和高技能劳动力共同完成向最终由资本和高技能劳动力完成转变，其中资本要素完成的生产任务范围为 $\left[\min\left\{ J,\ v^{-1}\left(\dfrac{w_h}{w_k} \cdot v_k \right) \right\},\ T \right]$，高技能劳动力完成的生产任务范围为 $\left[T-1,\ \min\left\{ J,\ v^{-1}\left(\dfrac{w_h}{w_k} \cdot v_k \right) \right\} \right]$。并假定 $J' = \min\left\{ J,\ v^{-1}\left(\dfrac{w_h}{w_k} \cdot v_k \right) \right\}$。资本要素完成的生产任务范围增加，低技能劳动力完成的生产任务范围减少。另一方面，互联网会降低制造企业高技能劳动力与资本要素结构比 s'，现设定公式：$s' = \dfrac{T - J'}{J' - (T-1)} = \dfrac{a_1 e^{bInt} - J'}{J' + 1 - a_1 e^{bInt}}$。与前文中式（2-17）和式（2-19）比较可知，$E^h / \partial s' > 0$，$\partial s' / \partial I_{nt} > 0$ 依然成立。这里需要说明的是，模型构建只是现实情况的一个简单描述，模型中得到的结果与实际情况存在一定差异，在实际中制造企业对互联网的使用会增加高技能劳动力比例和资本劳动力结构比例进而替代低技能劳动力，但是在替代全部低技能劳动力时存在一个过程，并且会因生产需要、就业等其他因素使得部分低技能劳动力不会被替代。

综上分析，在制造企业不断提升互联网使用水平时，互联网不仅会影响劳动力结构，同时互联网还会影响制造企业的劳动力和资本之间的结构关系，作用于制造企业价值创造水平。

基于以上分析，提出以下研究假设：

假设5：制造企业使用互联网会促进企业价值创造水平的提升，即制造企业使用互联网水平越高，对制造企业价值创造的水平提升效果越强。

假设6：互联网不仅直接影响制造企业的价值创造水平，而且通过带动制造企业劳动力结构高级化，间接促进制造企业价值创造水平的提升。

假设7：互联网会通过影响制造企业资本劳动力结构比，间接促进制造企业价值创造水平的提升。

2.4 互联网、要素配置效率与制造企业价值创造

一直以来，企业的要素配置效率是学者们关注的另一个重要的要素配置问题。前文基于要素配置结构视角分析了互联网对制造企业价值创造的影响。这里继续沿着前文构建的理论分析逻辑框架，从要素配置效率分析视角，就互联网如何通过要素配置效率影响制造企业价值创造这一作用机制进行分析，旨在厘清互联网、要素配置效率与制造企业价值创造三者之间的关系。

互联网会促进制造企业提升价值创造水平在已有研究中已被证实，但在互联网背景下，制造企业生产方式不断改变，智能制造成为企业制造的主要生产方式，同时在制造企业生产中个性化定制和大规模生产被结合起来形成了大规模个性化定制。制造企业生产方式的改变影响着制造企业要素配置效率的变化，而制造企业通过使用互联网是否会提高要素配置效率问题目前极少被论证，以及互联网是否会通过提高要素配置效率促进企业价值创造的这一作用机制也没有相应的实证检验。因此本部分重点关注的问题是互联网是否通过提高要素配置效率促进制造企业价值创造提升这一作用机制。在分析互联网、要素配置效率与制造企业价值创造的作用机制时，本部分从互联网对要素配置效率的影响和互联网、要素配置效率与制造企业价值创造的传导机制两方面展开。

2.4.1 互联网对要素配置效率的影响

在早期，制造企业对互联网的使用水平不高的情况下，制造企业在生产过程中对生产流程管理、任务分派、质量监督等环节都是采取人工调度的方式，通过这种人工方式往往会造成资本和劳动力没有及时被利用在需要的地方，制造企业的资本和劳动力的配置效率不高。随着互联网时代的到来，制造企业不断加大对互联网的使用，互联网会带动制造企业将云计算、大数据分析等高级数据处理技

术运用于生产过程，结合新增智能化设备、物联网技术的投入使用，提升制造企业生产过程中信息的实时传输和交互，并可实现远程采集正在运营使用的设备数据。智慧工厂、智能化车间也相继出现，同时制造企业基于互联网搭建了工业互联网、企业信息网络控制等平台。制造企业通过对生产制造过程的网络化和智能化控制，促进数据共享、知识重用、业务协同和系统整合，实现科学管理决策和提高生产制造系统的柔性、精准性、自组织性，从而实现智能生产（王一晨，2019）。互联网对要素配置效率的影响主要表现在以下两点：

第一，制造企业使用互联网会促进制造企业的要素配置优化，提高要素配置效率。在制造企业使用互联网时，互联网会嵌入到制造企业价值创造的各个环节当中，在这个过程中，制造企业原有的一些设备配套不全面、基础设施不足以及企业组织结构不协调等问题会逐渐显现出来，此时增加互联网的使用会促使制造企业在设备配套、基础设施以及企业组织结构上进行相应的调整（张三峰和魏下海，2019）。在进行设备配套、基础设施和组织结构调整的过程中，制造企业的要素配置情况得以优化，从而促进要素配置效率的提高。

从劳动力要素配置来看，制造企业增加互联网的使用会改变各个价值创造环节对劳动力的需求规模和需求水平，对原有的一些冗余的劳动力进行精减，以及对不同环节之间的劳动力进行相互调整，减少一些低技能水平的劳动力配置规模，从而起到对整个制造企业的劳动力配置进行优化进而提高劳动力配置效率的效果。从资本要素配置来看，制造企业增加互联网的使用同样会改变各个价值创造环节对资本的需求规模，从而促使制造企业调整对资本要素的配置优化，从而提高资本要素配置效率。此外，互联网驱动制造企业采用比以往水平更高的技术，获得劳动生产率提升、技术进步和发展水平，从而促进制造企业结构合理化并推动其高度化（徐伟呈和范爱军，2018）。而制造企业结构合理化会优化制造企业要素配置，促进制造企业要素配置效率的提高，结构高级化会直接带动制造企业要素配置效率的提高。

第二，制造企业基于互联网搭建的平台极大地促进了制造企业要素配置效率的改进，具体主要体现在两个方面：

一方面，通过搭建的平台加强了对企业生产过程中要素配置状况的整体把握，发现存在不合理问题，并进一步采取改进措施促进配置效率提升。传统制造企业没有搭建网络平台，通常是采取人工统计和现场调查的方法了解整个企业的生产要素配置情况，这种传统方法获取的企业生产要素配置情况既存在效率不高，同时也存在信息不准确的问题，不能准确反映企业实际的生产要素配置情况，尤其是大型制造企业对企业的整体要素配置情况更加难以得到全面准确了解，这会导致不能及时发现企业生产过程中要素配置的不合理之处，从而不能及时调整要素配置情况改善要素配置效率。而随着制造企业增加对互联网的使用，越来越多的制造企业搭建企业网络平台，制造企业通过网络平台可以对整个企业的生产要素使用状况进行实时了解，掌握企业实际生产过程中的不合理要素配置状况，快速制订调整方案，优化要素配置，提高要素配置效率。

另一方面，基于企业搭建的工业互联网平台和企业网络平台，企业通过平台实现生产过程平台化、标准化，既会提高要素间的协同配置水平，同时还会实现对客户需求的快速响应，从而提高要素配置效率。在要素间协同配置中，云端制造实时协同服务提供了一种实时的信息交互环境，企业业务人员可以即时地进行业务协同工作（陈志祥和迟家昱，2016）。在传统制造企业生产模式中，每位参与生产的员工之间是相对独立的，在生产过程中参与生产的员工之间的缺乏交流互动，协同配置水平不高。而自从工业互联网平台、企业网络平台等出现后，员工可借助网络平台进行实时交互，从而大大提高要素间的协同配置水平，促进要素配置效率提升。如员工可以通过平台系统或可穿戴设备对生产情况进行快速响应，实现了要素的高效配置。在对客户需求的快速响应中，网络平台可以促进制造企业应对不确定环境、快速响应客户需求并长期保持竞争优势（王海杰和宋姗姗，2019）。在传统制造企业中，企业对客户需求响应速度慢，且无法满足客户的个性化需求。而制造企业通过运用网络平台，既提高了对客户需求的响应速度，同时还能够满足客户不断变化的个性化需求，从而提高要素配置效率。

2.4.2   互联网、要素配置效率与制造企业价值创造

互联网不仅会对制造企业要素配置效率产生促进作用，同时还会通过要素配置效率间接影响制造企业价值创造。要素配置效率的提高会降低制造企业的生产成本并增加价值创造来源，而生产成本和价值创造的来源是决定制造企业价值创造水平高低的关键因素。从而互联网会通过提高要素配置效率促进制造企业价值创造水平提升，具体表现为以下两点：

第一，要素配置效率的提高强化了生产与营销的联动水平，促进制造企业价值创造水平提升。要素配置效率的提高带来的企业生产流程的加速，会大大缩短产品从生产到消费的周期，减少企业的库存和货物积压的成本。企业的营销优势依托于产品、技术、渠道、品牌等资源，可以使供给面向需求面传递价值（吴瑶等，2017）。在大规模定制生产的情况下，由于与客户之间提前进行了需求沟通，产品生产完成后会在短期内被送至消费者手中，因此企业的库存压力小，减少了企业的库存成本。基于智能制造的个性化定制的产品较传统制造生产流程生产出来的产品更加具有竞争力。根据消费者的特殊需求偏好，制造企业会为特定消费者进行个性化定制生产，而消费者需要为个性化定制产品向企业预付一定比例的定金甚至是全部产品的费用，如汽车制造品牌特斯拉的销售采取的就是预先支付定制，收到定金后企业才开始生产。同时，在同等条件下，要素配置效率的提高直接使得企业整个生产的资金需求规模减小，从而促进制造企业减小外部融资规模，更多地使用自有资金进行生产，降低了整体资金成本，促进制造企业价值创造水平提升。

第二，要素配置效率的提高带动制造企业的产品服务发生变革，既降低了成本，同时还会增加价值创造来源，进而促进制造企业价值创造水平提升。一方面，要素配置效率的提高影响了服务成本，促进制造企业价值创造水平的提升。制造企业在传统产品服务中是需要面对面进行服务，这导致了对服务的时间和空间有极大的限制，既存在企业提供产品服务的成本高、效率低等问题，同时还存在消费者对产品服务的满意度不高的问题。而当制造企业提高互联网使用水平、

利用互联网进行产品服务时，互联网使得制造企业可以实现远程维护、在线监测、线上服务等新型服务模式，服务更便捷，服务效率更高效（赵西三，2017）。从最初的现场服务到现在的远程在线服务，要素配置效率的不断提高，节约了人力和物力，大大降低了服务成本，促进了制造企业价值创造水平。另一方面，要素配置效率的提高拓宽了价值创造来源，促进制造企业价值创造水平的提升。传统制造企业的价值创造主要来源于产品的销售，而产品的服务不是价值创造的来源，尤其是产品的售后服务。而随着制造企业增加对互联网的使用，要素配置效率的提升，以及价值创造来源得到拓展，使得制造企业越来越重视产品服务，产品服务成为制造企业价值创造的重要来源。

综上所述，通过理论分析互联网、要素配置效率与制造企业价值创造的作用机制，发现在制造企业增加对互联网的使用过程中，互联网不仅促进制造企业价值创造水平的提升，同时还会带动制造企业要素配置优化，改善要素配置效率，促进制造企业价值创造水平的提升。

基于以上分析，提出以下研究假设：

假设8：互联网会通过提高要素配置效率促进制造企业价值创造。

2.5 本章小结

本章是全书的理论分析部分，本章紧扣"互联网对制造企业价值创造的影响——基于要素配置视角"这一研究主题，从以下三个方面进行理论分析：一是将互联网作为一种重要投入，理论分析互联网对制造企业价值创造环节的影响；二是理论分析互联网如何通过要素配置结构影响制造企业的价值创造；三是理论分析互联网如何通过要素配置效率影响制造企业的价值创造。

3 互联网对制造企业价值创造环节影响的实证检验

在第 2 章的理论分析中，理论分析了互联网在制造企业研发、制造企业生产、制造企业营销以及制造企业服务环节上发挥的重要作用，为从理论上说明互联网对制造企业价值创造环节的影响，本章采用 2012 年世界银行中国制造企业调查数据实证检验前文提出的理论假设。从调查数据实际情况来看，可获得以下三方面的指标：一是互联网多大程度上用于企业生产活动；二是互联网多大程度上用于营销活动；三是互联网多大程度上用于服务活动。同时，可以发现世界银行中国制造企业调查数据中并没有报告互联网在多大程度上用于制造企业研发环节的相关数据。因此，结合实际情况，本章从互联网在生产环节的使用、互联网在营销环节的使用以及互联网在服务环节的使用三个方面进行计量分析，实证检验互联网在各个环节使用是否会促进企业价值创造水平的提升。

3.1 模型构建与数据说明

3.1.1 模型构建

这里将对制造企业在各个环节使用互联网与制造企业价值创造之间的关系进

行实证检验。现在建立如下计量回归模型：

$$Value_i = \beta + \gamma I_i + \delta X_i + \varepsilon_i \tag{3-1}$$

其中，$Value_i$ 为企业的价值创造水平；I_i 为本部分实证检验的核心解释变量，代表企业互联网使用水平，本部分的互联网有多个互联网指标，包含制造企业在生产环节、营销环节以及服务环节的互联网使用水平；X_i 为控制变量，本章结合 2012 年世界银行调查数据的实际情况，主要控制了企业规模、企业出口情况、企业研发、企业成立年限等企业的一些重要指标；ε_i 为残差项；如果参数 $\gamma > 0$，则可以认为互联网能给制造企业价值创造带来推动作用。

3.1.2 数据说明

本章采用的数据来自 2012 年世界银行调查数据，该数据提供了 2011 年 12 月至 2013 年 2 月在中国调查的相关数据信息。数据调查样本包含北京、上海、广州、深圳、杭州、成都等在内的中国 25 个主要城市 2700 家企业，同时还包含了制造业和服务业。该数据含有较丰富的企业互联网使用数据，在理论机制部分本章主要分析的是互联网如何嵌入制造企业的各个生产环节影响价值创造，而根据 2012 年世界银行中国制造企业调查数据，以及对企业在生产、营销以及产品和服务增强等环节的使用情况进行了详尽的数据调查，因此，使用该数据能够很好地对前文理论分析中提出的研究假设进行实证检验。通过对 2012 年世界银行中国制造企业调查数据进行整理，对一些明显数据错误和无效样本进行剔除，最终得到共含 1175 家中国制造企业的数据样本。

互联网：关于本章关注的核心解释变量互联网在企业的各个环节中使用情况，调查数据中的数据是通过询问调查企业在各环节使用信息和通信技术的使用强度，有五个评价等级 A（长期使用）、B（经常使用）、C（有时使用）、D（偶尔使用）以及 E（从不使用），本书根据调查数据披露的情况对相应的指标进行量化处理，将长期使用、经常使用、有时使用、偶尔使用以及从不使用分别赋值为 4、3、2、1 和 0，即对互联网使用强度或者是频率越高，则赋值越大，如果制造企业某个制造环节从不使用互联网，则赋值为 0。

价值创造：本章关心的被解释变量是企业的价值创造，这里考虑采用所有产品和服务的年度总销售额减去成本得到的利润指标作为制造企业价值创造代理指标。原因有以下两点：一是在 2012 年制造企业调查数据中，由于数据的局限性，没有企业价值创造的综合指标或进一步的细化指标；二是通过对企业产品和服务年度销售额减去成本获得的利润指标通常是被用来代替企业业绩水平的一个常用指标，能够基本反映企业的价值创造水平。

控制变量：企业研发（RD）。在调查数据中调查团队对企业的研发情况进行了了解，调查问题是"在过去的 3 年里，这个机构是否花费在企业内部的研发活动上?"，调查回答结果分为"有"和"没有"两种，分别被赋值为 1 和 0。即如果企业近 3 年有在企业内部进行研发活动，则被赋值为 1，如果企业近三年没有在企业内部进行研发活动，则被赋值为 0。企业出口（EP）。该调查数据询问了企业出口额占全部销售额的比重，出口比重反映了企业的出口情况，因此，本书以企业出口额占全部销售额比重作为测度企业出口的代理指标。企业规模（SIZE）。通常研究中采用企业的资产规模作为度量企业规模的重要指标，然而在本书选择的调查数据中，关于企业资产规模等相关数据并没有涉及。但发现企业全职员工人数这一指标在调查数据中有涉及，通常在同类型制造企业中，企业规模越大，相应的雇用的劳动力规模越大，企业规模越小，雇用的劳动力规模越小。因此本部分结合实际情况，采用企业全职工人数作为企业规模的代理变量，虽然劳动力规模数量不能准确衡量企业的规模大小，但在一定程度上可以说明问题。企业成立年限（Age）。调查数据中披露了企业哪一年开始运营以及哪一年正式注册的，由于这两个指标结果基本相近，这里基于企业正式注册时间计算企业的成立年限，且由于该调查数据是在 2012 年的制造企业调查数据，因此本书通过计算正式注册时间到 2012 年这段时间之差，得出企业的成立年限，其中成立时间不到一年的记为 0。以上是本章实证检验采用的 2012 年世界银行中国制造企业调查数据的相关说明。上述变量的具体描述性统计如表 3-1 所示。

表 3-1 变量描述性统计

变量名称	变量	样本数量	最大值	最小值	均值	标准差
利润	Value	1175	1.50E+10	4000	1.00E+08	8.10E+08
生产环节的互联网水平	Wint_a	1175	4	0	2.2783	1.40818
营销环节的互联网水平	Wint_b	1175	4	0	2.48596	1.38239
服务环节的互联网水平	Wint_c	1175	4	0	2.09532	1.25712
研发	RD	1175	1	0	0.420426	0.493837
出口	EXP	1175	100	0	14.9566	27.1567
规模	SIZE	1175	30000	5	268.545	1253.85
成立年限	AGE	1175	62	0	12.7191	6.96336
计算机和其他信息处理设备方面的投入	INVEST	1175	3.60E+09	0	3.70E+06	1.10E+08

3.2 回归结果

3.2.1 生产环节使用互联网对价值创造的影响

表 3-2 报告了制造企业在生产环节使用互联网对企业价值创造的影响结果。通过观察表 3-2，从第（1）列中可以看出，互联网变量（Wint_a）的系数为0.320，在 1% 的水平上显著，这一点很好地验证了在理论分析部分提出的研究假设，在第（2）列中加入研发、出口、规模以及企业经营年限四个控制变量之后，企业的系数从 0.320 变为 0.0699，系数大小发生了变化，但核心解释变量互

联网（Wint_a）的系数显著性保持不变。结合第（1）~第（2）列的结果可以初步看出互联网用于企业的生产环节对企业的价值创造的确存在推动作用。对这一结果的可能性解释是，新一代移动通信技术发展过程中，制造企业生产方式发生了一个里程碑式的改变，借助于工业互联网和智能制造，制造企业实现对用户需求的个性化定制生产，实现制造企业的竞争优势提升（曹正勇，2018），从而推动制造企业价值。同时为保证回归结果的稳健性，在回归模型中加入对地区效应的控制，回归结果见表3-2的第（3）~第（4）列，从表3-2的第（3）~第（4）列中仍旧可以发现，结果与第（1）~第（2）列的结论一致，结论再次得到验证。

表3-2　互联网用于生产环节对制造企业价值创造的影响

VARIABLES	（1）LnValue	（2）LnValue	（3）LnValue	（4）LnValue
Wint_a	0. 320***	0. 0699**	0. 323***	0. 0598*
	(0. 0404)	(0. 0305)	(0. 0477)	(0. 0336)
RD		0. 481***		0. 479***
		(0. 0876)		(0. 0868)
EXP		−0. 00126		−0. 00031
		(0. 00156)		(0. 00151)
LnSIZE		1. 010***		0. 987***
		(0. 0395)		(0. 0391)
AGE		0. 0106		0. 00797
		(0. 00669)		(0. 00613)
Constant	15. 05***	10. 83***	15. 05***	10. 95***
	(0. 104)	(0. 174)	(0. 899)	(0. 538)
是否控制城市	NO	NO	YES	YES
Observations	1175	1175	1175	1175
R-squared	0. 051	0. 497	0. 138	0. 548

注：*、**和***分别表示在10%、5%和1%的水平上显著，括号内数字为标准误。

此外，从表3-2中显示的控制变量的回归结果可以看出：制造企业进行研发对制造企业的价值创造具有显著的促进作用，这可以解释为进行技术研发的企业可以提高企业的产品创新和技术水平，促进企业创造更多的价值，而没有进行研发的企业往往不掌握核心竞争力，企业价值创造水平较低，其中第（4）列中研发变量的回归系数为0.479，在1%水平上显著；出口对制造企业价值创造有负向作用，出口变量的系数为-0.00031；规模对制造企业价值创造有正向促进作用，即规模越大，则企业价值创造的能力越强，其中第（4）列中规模变量的回归系数为0.987，在1%水平上显著；经营年限变量的回归系数为正，表明企业经营年限越长则价值创造的能力越强，这与企业价值创造水平的一个长期积累过程有关，经营年限变量的回归系数为0.00797。

3.2.2 营销环节使用互联网对价值创造的影响

表3-3中采用制造企业在营销环节使用互联网水平作为互联网变量（Wint_b）的度量指标，旨在验证制造企业在营销环节使用互联网对企业价值创造的促进效果。回归方法与表3-2保持一致，第（1）列未加入控制变量且没有控制地区效应，第（2）列加入了控制变量、未控制地区效应，第（3）列未加入控制变量但控制了地区效应，第（4）列加入了控制变量且控制了地区效应。表3-3中第（1）列互联网变量（Wint_b）系数大小为0.315，在1%的水平上通过显著性检验，第（2）互联网变量（Wint_b）大小为0.0512，但不显著，在控制地区效应后，第（3）~第（4）列互联网变量（Wint_b）系数依然为正，其中第（3）列的系数大小为0.322，在1%水平上通过显著性检验，第（4）列的系数大小为0.0607，在10%的水平上通过显著性检验。报告结果表明基于互联网的线上线下融合的多渠道销售模式能不断地提升制造企业的竞争优势，同时在扩大企业产品的受众群体、增加用户规模、降低营销成本以及提升用户黏性方面是有成效的。另外，从控制变量看，研发（RD）、规模（LnSIZE）以及企业成立年限（AGE）对制造企业价值创造的影响为正，出口（EXP）对制造企业价值创造的影响为负。

表 3-3 互联网用于营销环节对制造企业价值创造的影响

VARIABLES	（1） LnValue	（2） LnValue	（3） LnValue	（4） LnValue
Wint_b	0.315 ***	0.0512	0.322 ***	0.0607 *
	（0.0428）	（0.0329）	（0.0474）	（0.0355）
RD		0.489 ***		0.474 ***
		（0.0887）		（0.0876）
EXP		−0.00114		−0.000298
		（0.00156）		（0.00151）
LnSIZE		1.013 ***		0.988 ***
		（0.0394）		（0.0391）
AGE		0.0110		0.00823
		（0.00672）		（0.00614）
Constant	14.99 ***	10.84 ***	14.77 ***	10.89 ***
	（0.117）	（0.180）	（0.814）	（0.530）
是否控制城市	NO	NO	YES	YES
Observations	1175	1175	1175	1175
R-squared	0.048	0.496	0.136	0.548

注：*、** 和 *** 分别表示在10%、5%和1%的水平上显著，括号内数字为标准误。

3.2.3 服务环节使用互联网对价值创造的影响

表3-4给出了制造企业在服务环节使用互联网对价值创造影响的回归结果。回归方法与表3-2和表3-3保持一致，第（1）~第（2）列的互联网变量（Wint_c）的系数大小分别为0.467和0.148，且两者均在1%的水平上通过显著性检验。这一结果表明互联网作为一种重要投入对制造企业在服务环节起到了明显的正向促进效果，互联网在制造企业服务环节的使用会对产品性能提升、在线服务质量方面有很大的提高，较传统的基于面对面的服务模式，服务的效率更高，也提升了制造企业在服务环节的价值创造水平。第（3）~第（4）列在第（1）~第（2）列的基础上控制了地区因素后，制造企业在服务环节使用互联网

对价值创造影响的结果稳健，互联网变量（Wint_c）的系数大小分别为 0.423 和 0.109，显著水平依然是在 1% 水平上显著。此外，各控制变量对制造企业价值创造的影响结果与前文保持一致。

表 3-4　互联网用于制造企业服务环节对价值创造的影响

VARIABLES	（1）LnValue	（2）LnValue	（3）LnValue	（4）LnValue
Wint_c	0.467***	0.148***	0.423***	0.109***
	（0.0449）	（0.0328）	（0.0503）	（0.0359）
RD		0.451***		0.455***
		（0.0867）		（0.0879）
EXP		−0.00121		−0.000290
		（0.00155）		（0.00151）
LnSIZE		0.988***		0.977***
		（0.0394）		（0.0393）
AGE		0.0116*		0.00880
		（0.00663）		（0.00612）
Constant	14.80***	10.77***	14.87***	10.91***
	（0.108）	（0.177）	（0.817）	（0.522）
是否控制城市	NO	NO	YES	YES
Observations	1175	1175	1175	1175
R-squared	0.087	0.502	0.156	0.551

注：*、** 和 *** 分别表示在 10%、5% 和 1% 的水平上显著，括号内数字为标准误。

3.3　稳健性检验

从前文的回归结果中可以看出，互联网在制造企业价值创造各个环节的使用正向显著促进了价值创造水平的提升，但考虑到基准回归仅是从每个环节的单独互联网使用情况，没有考虑到制造企业整体的互联网使用状况，如不考虑则会使本章的结论可靠性受到影响。对此，这里选择 2012 世界银行调查数据中关于企业在计算机和其他信息处理设备方面的投入水平作为企业对互联网使用情况的替代变量，对基准回归的结果进行稳健性检验。本部分参照基准回归的回归方法进行回归分析，回归结果见表 3-5。在表 3-5 中第（1）列只是仅考虑了企业在计算机和其他信息处理设备方面的投入对企业价值的影响，企业在计算机和其他信息处理设备方面的投入指标（LnINVEST）的系数显著为正，再次证明了互联网对制造企业价值创造的正向促进作用。在第（2）列中报告了加入控制变量后的回归结果，企业在计算机和其他信息处理设备方面的投入指标虽然系数大小有所下降，但是对制造企业价值的促进作用依然显著为正，同样在1%的水平上显著。第（3）~第（4）列是在第（1）列和第（2）列的基础上对企业所在城市这一区域变量进行了控制，企业在计算机和其他信息处理设备方面的投入依然为正且显著，这表明在将城市变量控制后，前文基准回归报告的结论依然成立。

表 3-5　稳健性检验

VARIABLES	（1） LnValue	（2） LnValue	（3） LnValue	（4） LnValue
LnINVEST	0.485 *** (0.0351)	0.175 *** (0.0283)	0.588 *** (0.0396)	0.228 *** (0.0349)
RD		0.533 *** (0.0885)		0.412 *** (0.0915)
EXP		−0.00101 (0.00159)		0.000136 (0.00158)
LnSIZE		0.867 *** (0.0438)		0.827 *** (0.0470)
AGE		0.0119 * (0.00648)		0.00961 (0.00605)

续表

VARIABLES	（1） LnValue	（2） LnValue	（3） LnValue	（4） LnValue
Constant	10.25*** （0.406）	9.603*** （0.313）	10.21*** （0.691）	10.28*** （0.523）
是否控制城市	NO	NO	YES	YES
Observations	1089	1089	1089	1089
R-squared	0.188	0.491	0.306	0.545

注：*、**和***分别表示在10%、5%和1%的水平上显著，括号内数字为标准误。

3.4 内生性处理

从互联网与制造企业价值创造的关联逻辑分析来看，企业对互联网的使用这一看似企业自发的外生行为，实际上与企业价值创造之间可能存在互为因果关系的内生性问题，企业价值创造水平高的企业更有能力采用新的互联网技术，带来的内生性问题造成估计结果存在偏误。同时本书模型中可能存在遗漏变量，同样会带来结果的有偏性。为解决由于反向因果关系，以及遗漏变量的原因带来的问题，下面采用工具变量法对原有模型进行计量分析。

已有文献在研究互联网或信息化问题时，通常采用区域层面的互联网水平作为工具变量（王永进等，2017；张三峰和魏下海，2019）。参考这种思路，本部分选择企业所在城市互联网发展水平作为工具变量。按照选取工具变量的要求，需要满足相关性以及外生性两个要求。本部分选取的城市层面的互联网水平，一方面，城市互联网水平会影响制造企业的互联网使用情况；另一方面，城市层面的互联网水平对企业层面的价值创造水平并不会产生直接的影响。从理论上来看，工具变量的相关性和外生性问题得到了满足。表3-6报告的是以制造企业在生产、营销以及服务环节的互联网使用平均水平作为互联网变量（Internet）、以国际互联网用户规模作为城市互联网水平（IV）的度量指标进行的两阶段最小二乘法的回归结果，其中第（1）列汇报了第一阶段的回归结果，第（2）列汇报了第二阶段的回归结果。在第（1）列中城市层面的互联网变量与企业层面的互联网变量之间的系数为 0.033，且在 1% 的水平上显著，在第（2）列中解释变量互联网的系数为 0.328，在 1% 的水平上显著。综合第一阶段和第二阶段的回归结果，可以看出工具变量的内生性和外生性要求得到满足，而且互联网对制造企业的价值创造有正向促进作用的假设依然成立，再次验证了前文提出的研究假设。

表 3-6　工具变量回归结果

VARIABLES	（1） 一阶段回归	（2） 二阶段回归
IV	0.033 ***	
	(0.003)	
Internet		0.328 ***
		(0.125)
RD	0.574 ***	0.324 ***
	(0.064)	(0.122)
EXP	0.002	−0.001
	(0.001)	(0.002)
LnSIZE	0.140 ***	0.949 ***
	(0.026)	(0.043)
AGE	0.002	0.008
	(0.005)	(0.006)
Constant	−0.262	10.840 ***
	(0.222)	(0.273)
是否控制城市	YES	YES
Observations	1175	1175
R-squared	0.350	0.537

续表

VARIABLES	(1) 一阶段回归	(2) 二阶段回归
F 统计量	32. 926	
弱 IV 检验	98. 631 <16. 38>	
IV 可识别检验	61. 129 [0. 000]	

注：*、**和***分别表示在10%、5%和1%的水平上显著，括号内数字为标准误。

此外，在工具变量检验中，F 统计量为 32. 926 大于常规临界值 10，说明工具变量能够解释内生变量。Cragg-DonaldWaldF 统计量 98. 631 大于 Stock 和 Yogo（2005）提供的容忍 10%扭曲下对应的临界值 16. 38，这说明不存在弱工具变量问题。采用 Kleibergen 和 Paap（2006）的 LM 统计量在 1%水平上拒绝了"工具变量不可识别"的原假设。

3.5　本章小结

本章在前文理论分析的基础上构建计量模型，并基于 2012 年世界银行中国制造企业调查数据，实证检验了互联网对制造企业价值创造的影响机理，按照实证规范，实证检验部分本应与理论分析部分一一对应，但考虑到世界银行调查数据实际情况，本章基于三个维度对理论分析部分进行实证检验：一是实证检验互联网用于生产环节对制造企业价值创造的影响；二是实证检验互联网在营销环节的使用对制造企业价值创造的影响；三是实证检验互联网在服务环节的使用对制造企业价值创造的影响。实证检验结果表明，互联网用于生产环节、互联网用于营销环节以及互联网用于服务环节对制造企业价值创造的影响均呈现出正向促进作用。经过稳健性检验以及内生性问题处理后,上述研究结论依然成立。这在一定程度上表明互联网正在制造企业价值创造的各个环节上发挥着重要作用,制造企业在价值链的各个环节使用互联网均有利于价值创造水平的提升。

4 互联网、劳动力结构与制造企业价值创造的实证检验

第 2 章的理论分析结果表明，互联网会通过促进劳动力结构高级化使得制造企业创造更多的价值，其作用机制在于随着制造企业使用互联网水平的提高，制造企业会提升高技能劳动力需求规模，同时降低部分低技能水平的劳动力需求，从而提升制造企业劳动力结构水平，而劳动力结构水平的提升会促进制造企业价值创造的提升。本章通过构建计量模型对互联网通过提升劳动力结构水平促进制造企业价值创造的这一作用机制进行实证检验。

4.1 模型建立

为考察互联网是否通过劳动力结构高级化影响价值创造的作用机制，借鉴已有研究中模型构建思路，参考 Baron 和 Kenny（1986）、温忠麟和叶宝娟（2014）的做法，构建中介效应模型对作用机制进行验证，具体采用如下模型进行实证检验：

$$Value_{it} = \beta_0 + \beta_1 Internet_{it} + \beta_2 Z_{it} + \eta_i + \lambda_i + \varepsilon_{it}$$

$$HLS_{it} = \nu_0 + \nu_1 Internet_{it} + \nu_2 Z_{it} + \eta_i + \lambda_i + \varepsilon_{it}$$

$$Value_{it} = \kappa_0 + \kappa_1 Internet_{it} + \kappa_2 HLS_{it} + \kappa_3 Z_{it} + \eta_i + \lambda_i + \varepsilon_{it}$$

$$(4-1)$$

在模型（4-1）中，HLS 代表的是中介变量劳动力结构水平。根据模型（4-1）的设定，第一步先检验互联网对制造企业价值创造的回归系数，验证是否为正，若回归系数为正，则表示互联网对制造企业价值创造起到了促进作用。第二步对模型（4-1）中的第二个方程进行估计，研究互联网与中介变量劳动力结构水平之间的关系，如果互联网变量的系数为正，则表明互联网对劳动力结构的影响是符合假设的。第三步对模型（4-1）中的第三个方程进行估计，若互联网和中介变量的系数均为正，则中介效应成立。此外，模型（4-1）中的一些其他变量，i 表示企业，t 表示年度时间，$Value$ 代表企业价值创造，$Internet$ 代表企业互联网使用水平，Z 为其他需要考虑的控制变量，η 为行业固定效应，λ 为区域固定效应，ε 为随机扰动项。

同时，为避免因遗漏控制变量而导致估计结果存在偏差，应控制影响制造企业价值创造的其他变量，结合当前企业价值创造相关研究文献，这里控制了企业规模、资产负债率、资产结构和股东持股比例，本书将前十大股东持股比例和第一大股东持股比例均纳入了控制变量范围。SIZE、LEV、ATSE、PTS 以及 RLS 分别表示企业规模、资产负债率、资产结构和股东持股比例、前十大股东持股比例和第一大股东持股比例。

4.2 数据说明

前文理论分析过程中重点强调了互联网对于制造企业价值创造的影响逻辑，综合考虑本书的研究问题和现有文献研究中关于互联网与制造业发展相关问题的研究成果，本部分采用我国制造业上市公司企业层面的数据进行实证分析。选择上市公司制造企业数据是基于以下几方面的考虑：一是前文理论分析表明互联网会直接从制造企业层面影响其价值创造，强调的是企业层面，所以采用企业层面制造业数据能够更好地与前文的理论分析相结合，做到理论与实证一致；二是采用企业层面制造业数据较采用行业层面、区域层面数据的区别在于，行业层面、区域层面由于受到数据限制，通常反映的更多的是宏观问题，缺乏从微观层面深入分析问题，而微观层面的企业数据则在这方面存在一定的优势，从最基本的价值主体（企业）上分析问题；三是上市公司数据是上市企业面向股东、投资者以及社会定期公开发布的反映企业经营状况的数据。该数据经过严格的审核，数据相对准确。同时该数据发布及时，滞后时间较短，而本书研究的互联网背景下的制造企业价值创造则正好需要及时准确地反映企业状况的数据。从而，本部分采用的上市公司数据与其他数据库相比上市公司数据更准确且更及时，适合用于本书的研究样本。综上所述，本书将选取企业层面的数据对前文的理论分析结果进行检验，本部分所使用的数据主要来源于国泰安 CSMAR 数据库、Wind 资讯金融终端。

本书选取的企业样本能够比较好地代表和反映我国制造业整体的情况。其中，本书选取的制造企业样本涵盖的行业有：农副食品加工业，食品制造业，酒、饮料和精制茶制造业，纺织业，纺织服装、服饰业，皮革、毛皮、羽毛及其制品和制鞋业，木材加工和木、竹、藤、棕、草制品业，家具制造业，造纸和纸制品业，印刷和记录媒介复制业，文教、工美、体育和娱乐用品制造业，石油、煤炭及其他燃料加工业，化学原料和化学制品制造业，医药制造业，化学纤维制造业，橡胶和塑料制品业，非金属矿物制品业，黑色金属冶炼和压延加工业，有色金属冶炼和压延加工业，金属制品业，通用设备制造业，专用设备制造业，汽车制造业，铁路、船舶、航空航天和其他运输设备制造业，电气机械和器材制造业，计算机、通信和其他电子设备制造业，仪器仪表制造业，其他制造业，废弃资源综合利用业等制造行业。本书所选样本中既包含主要消费制造企业，也包含主要装备制造企业。

4.3 变量选择

4.3.1 被解释变量——价值创造

本书的被解释变量为价值创造水平。在已有衡量企业价值创造指标中，会计收益率等财务指标仅能反映企业过去的价值水平，不能对企业未来的价值水平进行度量。而托宾 Q（Tobin's Q）作为度量企业价值创造的综合指标，对企业目前盈利状况，以及下一步的盈利能力均能反映（陈艳利等，2018）。公司市场价值与资产重置成本之比是经常用来度量 Tobin's Q 的方法，其中，公司市场价值是流通股市值、非流通股价值与负债账面价值之和，公司资产重置成本用期末总资产账面价值（冉秋红和白春亮，2017）。因此，基于对企业价值创造前瞻性及综合反映企业价值的考虑，根据研究样本中数据实际情况，本书采用托宾 Q（Tobin's Q）、利润来度量制造企业价值创造水平。同时，考虑到其他度量指标，本书在进一步的稳健性检验时，还将企业利润指标作为稳健性检验指标。

4.3.2 核心解释变量——互联网

当前学者们采用了各种模型和方法对互联网水平进行度量，指标间存在明显差异，因此不同的学者和机构对互联网水平的测度结果不尽相同，但是这些度量结果在一定程度上能够反映互联网的实际情况，为进一步研究互联网相关问题奠定了一定的基础。现有研究中使用互联网变量大致有两大类：

在研究宏观层面问题时，经常用来代理互联网指标的变量有：①使用地区国际互联网用户、宽带接入用户数、网站数量或者网络链接数据表示互联网的规模水平（郭家堂和骆品亮，2016；卢福财和徐远彬，2018；刘斌和顾聪，2019）；②使用地区的网络基础设施（如光纤、电缆等）数量代表该区域的互联网发展水平（石喜爱等，2018；李琳和周一成，2019）；③使用综合的信息化相关的综合指标代表地区的互联网发展水平（黄群慧等，2019；韩先锋等，2019）。

在研究微观层面问题时，经常用来代理互联网变量的指标有：①采用企业是否拥有邮箱、网址或者微博等互联网特征变量来度量互联网（沈国兵和袁征宇，2020；卢福财和徐远彬，2019）；②采用企业调查问卷数据了解企业对互联网变量的整体使用情况，以及互联网在企业各个生产环节对互联网的使用水平（王可和李连燕，2018；何小钢等，2019；何小钢等，2020）；③通过对企业年报进行文本分析，获取企业是否实施互联网战略和实施互联网战略水平，以此测度企业对互联网的使用水平（杨德明和陆明，2017；杨德明和刘泳文，2018；杨德明和毕建琴，2019）。

本书核心解释变量考察的是企业层面的互联网相关问题，本应直接使用上市公司数据中有关企业使用互联网数据或者相关信息技术投入等数据，这两方面的数据是最直接的，最能反映制造企业对互联网的情况，从而使得估计得到的互联网对制造企业价值创造的结果更加准确。对于互联网变量，截至目前有多种测度方法。但实际情况是，关于上市公司使用互联网的数据缺乏，无法直接从上市公司数据指标中找到，同时企业在信息技术方面的资金投入数据存在零散、指标界定不清的问题，使得通过这两方面获得的数据难以满足本书的实证分析的需要。因此，本书的研究数据难以通过直接的方法获取。

因此，本书互联网水平指标借鉴杨德明和陆明（2017）、杨德明和刘泳文（2018）以及杨德明和毕建琴（2019）通过对上市公司年报资料进行整理获得的企业实施互联网战略水平与是否实施互联网战略两个指标进行度量，其中实施互联网战略水平代表制造企业使用互联网水平，是否实施互联网战略代表制造企业是否使用互联网。其中，企业实施互联网战略水平共包含0、1、2、3、4五个水平，0表示实施互联网战略水平最低（也表示未实施互联网战略），1、2、3和4表示企业实施互联网战略的程度越来越高，4表示最高。企业是否实施互联网战略指标共包含0和1两个水平，0表示未实施互联网战略，1表示实施互联网战略。同时，杨德明和毕建琴（2019）指出企业实施互联网战略、虚拟经济与实体经济相结合主要发生在 2013 年之后，采用 2013 年后的数据更符合实际情况，结合上市公司实际可获得数据，本书选用了 2013~2016 年制造业上市公司数据，并剔除部分 ST 股，共计 1247 家制造业上市企业。

4.3.3 中介变量

本章旨在分析互联网通过劳动力结构高级化的中介作用影响制造企业的价值创造，故以劳动力结构水平作为中介变量。对于劳动力结构水平，截至目前主要有员工学历结构占比和企业员工受教育水平两种测度方法。一方面，结合上市公司数据的可获得性，采用学历层次差异来判断劳动力结构水平，这种方法具有合理和易测算的特性，用来解释劳动力结构的数据主要是劳动力水平层次，如研究生及以上员工人数占比、本科及以上员工人数占比、专科学历员工人数占比、高中及以下学历员工人数占比，本书通过学历层次代表员工劳动力结构水平，高学历代表高技能劳动力，具体采用本科及以上学历占总就业人数的比例度量劳动力结构。另一方面，这里参考冉秋红和白春亮（2017）采用加权的方法计算样本企业员工受教育水平，企业员工整体受教育水平计算过程中首先设定企业员工中研究生及以上学历权重为 3、本科学历为 2、专科学历为 1、专科以下学历为 0，然后通过将研究生及以上学历、本科学历、专科学历以及专科以下学历员工占比乘以对应的权重，计算后获得的结果即为企业员工整体受教育水平，即企业劳动力结构水平的另一个度量方式。本部分的劳动力结构数据主要来自 Wind 数据库。

4.3.4 其他控制变量

模型中还控制其他变量：①企业规模（SIZE），采用企业年末员工总数的自然对数表示；②前十大股东持股比例（PTS）；③第一大股东持股比例（RLS）；④资产负债率（LEV），采用企业负债总额与资产总额之比表示；⑤资产结构（ATSE），采用企业固定资产总额与企业资产总额之比表示。

表 4-1 汇报了各变量的描述性统计结果。

表4-1　变量描述性统计

变量名称	变量符号	观测值	最大值	最小值	均值	标准差
托宾Q	Tobin's Q	4988	44.1282	0.082643	2.54068	2.20719
利润	PRO	4988	5049246	-596921.3	31764.35	154378
企业使用互联网水平	Internet_a	4988	4	0	1.1271	1.2464
企业是否使用互联网	Internet_b	4988	1	0	0.569767	0.495158
劳动力结构水平	HLS	4988	93.0567	0	20.48996	15.87551
平均受教育水平	EDU	4988	2.318881	0.0240113	0.657937	0.3647995
财务杠杆	LEV	4988	8.04791	-0.035912	0.375128	0.263367
资产结构	ATSE	4988	0.8093445	0.0000377	0.2426563	0.1418545
规模	SIZE	4988	12.186	3.931826	7.828824	1.148343
前十大股东持股比例	PTS	4988	101.16	10.57	56.5812	14.6113
第一大股东持股比例	RLS	4988	89.99	3.62	33.8359	14.2464

4.4　回归结果

4.4.1　基准回归

本章首先基于上市公司企业样本，实证分析互联网对制造企业价值创造的影响，其中互联网变量采用的是制造企业使用互联网水平 Internet_a。回归结果见表4-2，其中第（1）、第（2）列采用 OLS 方法进行了估计，第（3）、第（4）列采用固定效应方法进行了估计。在表4-2中，第（1）、第（2）列回归报告的互联网变量的系数分别为0.168、0.210，都在1%水平上显著，第（3）、第（4）列回归报告的互联网变量的系数分别为0.169、0.185，且其显著性与第（1）、第（2）结果保持一致。因此，从回归结果中可以看出互联网正向促进制造企业价值创造，即互联网变量越大，企业价值创造水平越强。

表4-2 基准回归结果

VARIABLES	(1) Tobin's Q	(2) Tobin's Q	(3) Tobin's Q	(4) Tobin's Q
Internet_a	0.168***	0.210***	0.169***	0.185***
	(0.0234)	(0.0218)	(0.0217)	(0.0244)
SIZE		-0.812***		-0.560***
		(0.0552)		(0.128)
PTS		0.0115***		0.0102*
		(0.00261)		(0.00602)
RLS		-0.00660***		-0.0313***
		(0.00245)		(0.00651)
LEV		-0.474		-0.0304
		(0.449)		(0.188)
ASTE		-1.313***		0.286
		(0.217)		(0.500)
Constant	2.351***	8.727***	2.351***	7.140***
	(0.0419)	(0.381)	(0.0245)	(1.110)
是否控制城市	NO	NO	Yes	Yes
是否控制行业	NO	NO	Yes	Yes
Observations	4988	4988	4988	4988
R-squared	0.009	0.231	0.013	0.035
Number of code			1247	1247

注： *、**和***分别表示在10%、5%和1%的水平上显著，括号内数字为标准误。

基准回归验证了制造企业使用互联网对价值创造水平的提升具有促进作用，为保证基准回归结果稳健性，这里通过替换互联网进行稳健性检验，其中互联网变量采用的是制造企业是否使用互联网 Internet_b。表4-3 报告了检验结果，报告结果中互联网变量除系数大小有变化外，系数方向和显著性均与表4-2保持一致，从而使基准回归结果的稳健性得到检验。

表4-3 基准回归结果稳健性检验

VARIABLES	(1) Tobin's Q	(2) Tobin's Q	(3) Tobin's Q	(4) Tobin's Q
Internet_b	0.384***	0.494***	0.450***	0.456***
	(0.0629)	(0.0587)	(0.0553)	(0.0595)
SIZE		−0.803***		−0.518***
		(0.0555)		(0.125)
PTS		0.0113***		0.00993*
		(0.00261)		(0.00602)
RLS		−0.00707***		−0.0315***
		(0.00244)		(0.00639)
LEV		−0.478		−0.00653
		(0.446)		(0.183)
ASTE		−1.462***		0.231
		(0.211)		(0.501)
Constant	2.322***	8.681***	2.284***	6.783***
	(0.0475)	(0.379)	(0.0315)	(1.088)
是否控制城市	NO	NO	Yes	Yes
是否控制行业	NO	NO	Yes	Yes
Observations	4988	4988	4988	4988
R-squared	0.007	0.229	0.017	0.038
Number of code			1247	1247

注：*、**和***分别表示在10%、5%和1%的水平上显著，括号内数字为标准误。

4.4.2 作用机制检验

在基准回归的基础上，本书使用计量模型对互联网通过提升劳动力结构高级化从而促进企业价值创造的影响效果进行了估计。表4-4给出了这一作用机制的估计结果。从报告结果可知：在表4-4的第（1）列中互联网的回归系数为0.185，且在1%的水平上显著，表明互联网正向促进制造企业价值创造，即互联网变量越大，企业价值创造水平越强。这与杨德明和刘泳文（2018）得到的研究结论保持一致。在表4-4的第（2）列中，互联网对制造企业劳动力结构水平的系数为1.138，且在1%的水平上显著，表明互联网对制造企业劳动力结构提升具有显著的正向影响，即随着互联网使用水平的提高制造企业劳动力结构水平显著提升。此外，第（3）列中互联网的系数为0.170，在1%水平上显著，劳动力结构的系数为0.0133，在1%水平上显著。从以上可以看出，劳动力结构高级化起到了中介作用，表明互联网可以通过制造企业劳动力结构高级化这一路径，对制造企业价值创造水平起到促进作用，即前文的理论分析得到验证。

表4-4 劳动力结构作用机制回归结果

VARIABLES	(1) Tobin's Q	(2) HLS	(3) Tobin's Q
Internet_a	0.185 ***	1.138 ***	0.170 ***
	(0.0244)	(0.118)	(0.0248)
HLS			0.0133 ***
			(0.00496)
SIZE	-0.560 ***	-3.272 ***	-0.516 ***
	(0.128)	(0.849)	(0.124)
PTS	0.0102 *	0.0565 **	0.00949
	(0.00602)	(0.0232)	(0.00602)
RLS	-0.0313 ***	-0.0519	-0.0307 ***
	(0.00651)	(0.0360)	(0.00644)
LEV	-0.0304	0.879	-0.0421
	(0.188)	(1.195)	(0.190)
ASTE	0.286	-12.33 ***	0.450
	(0.500)	(3.596)	(0.494)
Constant	7.140 ***	46.05 ***	6.527 ***
	(1.110)	(7.654)	(1.075)
是否控制城市	Yes	Yes	Yes
是否控制行业	Yes	Yes	Yes

续表

VARIABLES	(1) Tobin's Q	(2) HLS	(3) Tobin's Q
Observations	4988	4988	4988
R-squared	0.035	0.078	0.038
Number of code	1247	1247	1247

注：＊、＊＊和＊＊＊分别表示在10%、5%和1%的水平上显著，括号内数字为标准误。

4.4.3 作用机制稳健性检验

表4-4报告了中介效应的回归结果，与理论分析得到的假设结论一致。为保证中介效应回归结果稳健，通过替换度量指标进行稳健性检验。这里主要考虑被解释变量企业价值创造、核心解释变量互联网以及中介变量劳动力结构水平不同的度量方式。通过替换变量进行回归，对互联网通过提高企业劳动力水平促进企业价值创造这一作用机制进行稳健性检验。

一方面，替换被解释变量。目前企业价值创造有多种测度方法：一种是企业价值创造水平的综合度量指标 Tobin's Q；另一种是常用于企业价值创造的指标是企业利润水平。相比于 Tobin's Q，利润指标虽然不是综合指标，但是能在一定程度上反映企业价值创造水平。表4-5报告了采用企业利润水平替换价值创造变量后的回归结果。这里同样采用固定效应模型，并控制了城市和行业。从表4-5第（1）列可知企业使用互联网水平对企业利润水平的系数为0.146，在1%水平上显著，说明替换变量后互联网对价值创造的直接作用依然为正。第（2）列中报告显示互联网对劳动力结构水平的系数为1.138，在1%水平上显著，第（3）列同时加入互联网和劳动力结构水平后，两者的回归系数分别为0.124、0.0216，且均在1%水平上显著。综合来看，表4-5的报告结果对前文得出互联网通过促进劳动力结构高级化来促进企业价值创造的结论进行了验证。

表 4-5　劳动力结构作用机制稳健性检验一

VARIABLES	(1) LnPRO	(2) HLS	(3) LnPRO
Internet_a	0.146 ***	1.138 ***	0.124 ***
	(0.0186)	(0.118)	(0.0190)
HLS			0.0216 ***
			(0.00348)
SIZE	0.960 ***	−3.272 ***	1.011 ***
	(0.0694)	(0.849)	(0.0649)
PTS	0.0232 ***	0.0565 **	0.0223 ***
	(0.00352)	(0.0232)	(0.00345)
RLS	−0.0225 ***	−0.0519	−0.0211 ***
	(0.00417)	(0.0360)	(0.00408)
LEV	−0.0898	0.879	−0.132 *
	(0.0806)	(1.195)	(0.0773)
ASTE	−2.210 ***	−12.33 ***	−2.015 ***
	(0.353)	(3.596)	(0.337)
Constant	1.491 **	46.05 ***	0.631
	(0.603)	(7.654)	(0.582)
是否控制城市	Yes	Yes	Yes
是否控制行业	Yes	Yes	Yes
Observations	4412	4988	4412
R−squared	0.139	0.078	0.149
Number of code	1239	1247	1239

注：＊、＊＊和＊＊＊分别表示在10%、5%和1%的水平上显著，括号内数字为标准误。

另一方面，替换核心解释变量和中介变量，再次进行稳健性检验。采用与前文类似的方法，通过替换关键变量的方法进行检验。这里替换核心解释变量和中介变量，通过将表示使用互联网水平变量（Internet_a）替换成是否使用互联网（Internet_b），将中介变量劳动力结构水平（HLS）替换成平均受教育年限（EDU）。在表4-6报告的结果中，第（1）列中企业使用互联网对企业价值创造水平的系数为 0.456，在 1% 水平上显著，第（2）列中报告显示互联网对劳动力结构水平的系数为 0.0422，在 1% 水平上显著，表 4-6 第（3）列同时加入互联网和劳动力结构水平后，两者的回归系数为 0.435、0.490，分别在 1%、5% 水平上显著，回归结果表明前文的作用机制再次得到验证。

表 4-6　劳动力结构作用机制稳健性检验二

VARIABLES	（1） Tobin's Q	（2） EDU	（3） Tobin's Q
Internet_b	0.456 ***	0.0422 ***	0.435 ***
	（0.0595）	（0.00571）	（0.0610）
EDU			0.490 **
			（0.243）
SIZE	−0.518 ***	−0.0806 ***	−0.478 ***
	（0.125）	（0.0192）	（0.123）
PTS	0.00993 *	0.00136 **	0.00927
	（0.00602）	（0.000556）	（0.00603）
RLS	−0.0315 ***	−0.00112	−0.0309 ***
	（0.00639）	（0.000803）	（0.00635）
LEV	−0.00653	0.0340 **	−0.0232
	（0.183）	（0.0157）	（0.184）
ASTE	0.231	−0.289 ***	0.373
	（0.501）	（0.0770）	（0.502）
Constant	6.783 ***	1.283 ***	6.155 ***
	（1.088）	（0.170）	（1.084）
是否控制城市	Yes	Yes	Yes
是否控制行业	Yes	Yes	Yes
Observations	4988	4988	4988
R-squared	0.038	0.077	0.039
Number of code	1247	1247	1247

注：*、** 和 *** 分别表示在 10%、5% 和 1% 的水平上显著，括号内数字为标准误。

4.5 内生性处理

前文的回归结果表明互联网会促进制造企业价值创造。本书采用了固定效用模型，并进行了多次稳健性检验，尽可能避免因遗漏变量而造成的估计结果的偏差，然而对于模型中可能存在的内生性问题并没有考虑，即模型中的互联网与价值创造存在一定的内生性，即一方面使用互联网会让更多的制造企业创造更多的价值，另一方面价值创造更强的制造企业也同样会增加互联网相关的投入，从而促进企业的互联网使用水平。

为解决这一可能存在的内生性问题，本部分采用两阶段法进行回归。按照选取工具变量的要求，需要满足相关性以及外生性两个要求。参照前文的方法，本部分采用制造企业所在地区互联网水平作为工具变量，一方面，企业所在地区的互联网发展水平，体现了其辖内的制造企业所处的网络环境，必然会对当地的制造企业的互联网使用情况产生影响，即满足工具变量选取的相关性要求。另一方面，制造企业所处地区的互联网水平，作为一种网络环境，而企业的价值创造取决于企业自身的能力，因此地区的互联网宽带接入用户对制造企业的价值创造虽然会存在影响，但影响并不十分明显，即满足工具变量选取的外生性要求。在进行两阶段最小二乘法回归时，结合数据可获得性，本部分采用省级层面的互联网宽带接入用户规模作为地区互联网水平（Internet_iv）。表4-7报告了利用工具变量进行两阶段最小二乘法的回归结果，从回归系数可以看出，在利用上市公司为研究样本报告的结果中，互联网对制造企业价值创造的促进作用仍然成立。

此外，在工具变量检验中，F统计量为176.089，大于常规临界值10，说明工具变量能够解释内生变量。Cragg-Donald Wald F统计量为680.582，大于Stock和Yogo（2005）提供的容忍10%扭曲下对应的临界值16.38，说明不存在弱工具

互联网对制造企业价值创造的影响研究

变量问题。采用 Kleibergen 和 Paap（2006）的 LM 统计量在 1% 水平上拒绝了"工具变量不可识别"的原假设。

表 4-7　工具变量回归结果

VARIABLES	（1）一阶段回归	（2）二阶段回归
Internet_iv	0.001 *** (0.000)	
Internet_a		1.192 *** (0.076)
SIZE	0.445 *** (0.048)	−1.275 *** (0.107)
PTS	0.003 (0.003)	0.014 *** (0.005)
RLS	−0.009 *** (0.003)	−0.002 (0.006)
LEV	0.110 (0.083)	−0.029 (0.165)
ASTE	−0.390 * (0.237)	0.998 ** (0.472)
是否控制城市	Yes	Yes
是否控制行业	Yes	Yes
Observations	4988	4988
R-squared	0.221	
F 统计量	176.089	
弱 IV 检验	680.582 <16.38>	
IV 可识别检验	576.607 [0.000]	

注：*、** 和 *** 分别表示在 10%、5% 和 1% 的水平上显著，括号内数字为标准误。

4.6 异质性分析

4.6.1 所有制异质性分析：国有制造企业和非国有制造企业

为分析互联网对制造企业劳动力结构水平的影响在不同所有制制造企业间的差异，本部分将制造企业分为国有制造企业和非国有制造企业，并进行分组回归。在表4-8中报告了结果，其中第（1）~第（2）列和第（3）~第（4）分别以不同互联网测度指标进行回归。通过观察互联网变量的显著性可以发现，无论是在国有制造企业组还是在非国有制造企业组，互联网会促进制造企业劳动力结构水平的提升。

表 4-8　互联网对不同所有制制造企业劳动力结构水平的影响

VARIABLES	（1） 国有制造企业 HLS	（2） 非国有制造企业 HLS	（3） 国有制造企业 HLS	（4） 非国有制造企业 HLS
Internet_a	1. 562 *** （0. 234）	0. 898 *** （0. 128）		
Internet_b			3. 187 *** （0. 488）	1. 512 *** （0. 282）
SIZE	−5. 155 *** （1. 876）	−2. 730 *** （0. 872）	−4. 761 ** （1. 868）	−2. 374 *** （0. 871）
PTS	0. 105 ** （0. 0521）	0. 0343 （0. 0247）	0. 101 * （0. 0538）	0. 0322 （0. 0248）
RLS	0. 0270 （0. 0847）	−0. 0715 ** （0. 0340）	0. 0291 （0. 0847）	−0. 0817 ** （0. 0339）
LEV	−2. 695 （2. 364）	2. 291 *** （0. 499）	−2. 470 （2. 350）	2. 364 *** （0. 505）

VARIABLES	(1) 国有制造企业 HLS	(2) 非国有制造企业 HLS	(3) 国有制造企业 HLS	(4) 非国有制造企业 HLS
ASTE	−15.85** (7.373)	−9.111*** (3.347)	−16.13** (7.313)	−9.502*** (3.379)
Constant	63.00*** (18.03)	40.74*** (7.552)	59.63*** (17.94)	38.76*** (7.551)
是否控制城市	Yes	Yes	Yes	Yes
是否控制行业	Yes	Yes	Yes	Yes
Observations	1632	3356	1632	3356
R-squared	0.117	0.070	0.117	0.056
Number of code	408	839	408	839

注：*、**和***分别表示在10%、5%和1%的水平上显著，括号内数字为标准误。

同时，通过报告结果可知第（1）~第（4）列中互联网变量的系数大小分别为1.562、0.898、3.187和1.512，通过对比第（1）列和第（2）列、第（3）列和第（4）列的互联网系数大小，发现互联网对国有制造企业劳动力结构升级的影响要大于对非国有制造企业劳动力结构升级的影响。对这一结果可能的解释是，在利用互联网促进企业发展过程中，需要增加高水平劳动力投入，而国有企业比非国有企业引进高水平劳动力的力度更大，进而使得在互联网对劳动力结构水平的影响中国有企业要强于非国有企业。

4.6.2　所有制异质性稳健性检验

为保证所有制异质性分析得出的互联网对国有制造企业劳动力结构升级的影响要大于对非国有制造企业劳动力结构升级的影响这一结论的稳健性，这里通过采用平均受教育水平替换被解释变量劳动力结构水平进行稳健性检验，检验结果见表4-9，在稳健性检验结果中上述结论依然成立。

表4-9 互联网对不同所有制制造企业劳动力结构水平的影响稳健性检验

VARIABLES	(1) 国有制制造企业 EDU	(2) 非国有制制造企业 EDU	(3) 国有制制造企业 EDU	(4) 非国有制制造企业 EDU
Internet_a	0.0303***	0.0182***		
	(0.00476)	(0.00313)		
Internet_b			0.0627***	0.0284***
			(0.00946)	(0.00682)
SIZE	−0.128***	−0.0780***	−0.120***	−0.0703***
	(0.0418)	(0.0205)	(0.0417)	(0.0205)
PTS	0.00249**	0.00105*	0.00240**	0.00100
	(0.00118)	(0.000613)	(0.00121)	(0.000615)
RLS	0.00123	−0.00154*	0.00128	−0.00177**
	(0.00176)	(0.000828)	(0.00177)	(0.000824)
LEV	0.00798	0.0415**	0.0125	0.0429**
	(0.0460)	(0.0172)	(0.0461)	(0.0176)
ASTE	−0.263*	−0.268***	−0.268*	−0.276***
	(0.156)	(0.0729)	(0.156)	(0.0737)
Constant	1.630***	1.241***	1.565***	1.200***
	(0.395)	(0.173)	(0.394)	(0.172)
是否控制城市	Yes	Yes	Yes	Yes
是否控制行业	Yes	Yes	Yes	Yes
Observations	1632	3356	1632	3356
R-squared	0.115	0.079	0.116	0.066
Number of code	408	839	408	839

注：*、**和***分别表示在10%、5%和1%的水平上显著，括号内数字为标准误。

4.6.3 行业异质性分析：装备类制造企业和消费类制造企业

为分析互联网对制造企业劳动力结构水平的影响在不同行业制造企业间的差异，本部分将制造企业分为装备制造企业和消费制造企业，并进行分组回归。在表4-10中报告了回归结果。通过观察互联网变量的显著性可以发现，无论是在装备制造企业组还是在消费制造企业组，互联网会促进制造企业劳动力结构水平的提升。同时，通过报告结果可知第（1）~第（4）列中互联网变量的系数大小分别为0.994、1.236、1.847和2.468，通过对比第（1）列和第（2）列、第（3）列和第（4）列的互联网系数大小，发现互联网对消费制造企业劳动力结构的影响要大于对装备制造企业劳动力结构的影响。对这一结果可能的解释是，通常装备制造企业相对消费制造企业的劳动力结构水平更高，造成在利用互联网促进企业发展过程中，互联网对劳动力结构的促进作用在消费制造企业中更强。

表4-10　互联网对不同行业制造企业劳动力结构水平的影响

VARIABLES	（1） 装备制造企业 HLS	（2） 消费制造企业 HLS	（3） 装备制造企业 HLS	（4） 消费制造企业 HLS
Internet_a	0.994*** (0.191)	1.236*** (0.152)		
Internet_b			1.847*** (0.394)	2.468*** (0.351)
SIZE	−2.370*** (0.902)	−4.045*** (1.323)	−2.009** (0.916)	−3.684*** (1.308)
PTS	0.0678** (0.0343)	0.0502 (0.0314)	0.0563 (0.0343)	0.0548* (0.0318)
RLS	−0.0561 (0.0467)	−0.0477 (0.0490)	−0.0618 (0.0473)	−0.0567 (0.0488)
LEV	1.899 (2.360)	0.618 (1.440)	1.955 (2.353)	0.770 (1.380)
ASTE	−10.30** (4.735)	−13.05*** (4.650)	−11.09** (4.831)	−13.23*** (4.638)
Constant	41.45*** (8.353)	50.12*** (11.58)	39.69*** (8.519)	47.30*** (11.45)
是否控制城市	Yes	Yes	Yes	Yes
是否控制行业	Yes	Yes	Yes	Yes
Observations	2000	2988	2000	2988

VARIABLES	(1) 装备制造企业 HLS	(2) 消费制造企业 HLS	(3) 装备制造企业 HLS	(4) 消费制造企业 HLS
R-squared	0.056	0.094	0.046	0.085
Number of code	500	747	500	747

注：*、**和***分别表示在10%、5%和1%的水平上显著，括号内数字为标准误。

4.6.4 行业异质性稳健性检验

同样地，为保证行业异质性分析得出的互联网对消费制造企业劳动力结构的影响要大于对装备制造企业劳动力结构的影响这一结论的稳健性，这里依然采用平均受教育水平替换被解释变量劳动力结构水平进行稳健性检验，检验结果见表4-11，在稳健性检验结果中上述结论依然成立。

表4-11 互联网对不同所有制制造企业劳动力结构水平的影响稳健性检验

VARIABLES	(1) 装备制造企业 EDU	(2) 消费制造企业 EDU	(3) 装备制造企业 EDU	(4) 消费制造企业 EDU
Internet_a	0.0195*** (0.00418)	0.0243*** (0.00352)		
Internet_b			0.0365*** (0.00874)	0.0457*** (0.00758)
SIZE	-0.0694*** (0.0218)	-0.104*** (0.0297)	-0.0623*** (0.0219)	-0.0962*** (0.0294)
PTS	0.00159** (0.000792)	0.00127* (0.000744)	0.00136* (0.000796)	0.00137* (0.000751)
RLS	-0.00175* (0.00105)	-0.000474 (0.00109)	-0.00186* (0.00107)	-0.000681 (0.00109)
LEV	0.00324 (0.0415)	0.0378** (0.0169)	0.00433 (0.0410)	0.0406** (0.0178)
ASTE	-0.232** (0.111)	-0.298*** (0.0965)	-0.248** (0.113)	-0.302*** (0.0968)

续表

VARIABLES	（1） 装备制造企业 EDU	（2） 消费制造企业 EDU	（3） 装备制造企业 EDU	（4） 消费制造企业 EDU
Constant	1.278*** (0.193)	1.397*** (0.256)	1.243*** (0.195)	1.340*** (0.253)
是否控制城市	Yes	Yes	Yes	Yes
是否控制行业	Yes	Yes	Yes	Yes
Observations	2000	2988	2000	2988
R-squared	0.066	0.102	0.058	0.092
Number of code	500	747	500	747

注：＊、＊＊和＊＊＊分别表示在10%、5%和1%的水平上显著，括号内数字为标准误。

4.7　本章小结

本章在前文理论分析的基础上构建计量模型，并基于上市公司制造企业数据，对互联网、劳动力结构与制造企业价值创造的作用机理进行实证检验。本章通过构建计量模型进行回归，并就内生性问题和稳健性以及异质性问题进行了充分的讨论。通过分析本章得出了以下研究结论：第一，互联网对制造企业价值创造有促进作用，即企业使用互联网程度越强，越有利于企业的价值创造，这一结论在进行稳健性检验，并考虑内生性问题后依然成立；第二，机制检验发现，互联网通过提升企业劳动力结构水平促进企业价值创造的这一作用机制在本书样本中是成立的，与理论分析的作用机制是一致的；第三，异质性分析发现，互联网对国有制造企业劳动力结构升级的影响要大于对非国有制造企业劳动力结构升级的影响，互联网对消费制造企业劳动力结构的影响要大于对装备制造企业劳动力结构的影响。

5 互联网、资本劳动力结构与制造企业价值创造的实证检验

在前文第 2 章的理论分析中，理论分析结果表明互联网会通过资本劳动力结构影响制造企业的价值创造，其作用机制在于随着制造企业对互联网的使用水平的变化，互联网不仅会影响劳动力配置结构，而且会影响劳动力和资本要素间的结构关系，互联网的使用会促进资本替代低技能劳动力进而影响资本劳动力结构，而资本劳动力结构水平的提升会促进制造企业价值创造的提升。为验证这一作用机制，本章通过构建计量模型进行实证检验。

5.1 模型建立

为考察互联网通过调整资本劳动力结构影响价值创造的作用机制，本部分采用与前文一致的模型构建方法，构建如下的中介效应模型，对互联网、资本劳动力结构与制造企业价值创造之间的作用机制进行实证检验。

$$Value_{it} = \beta_0 + \beta_1 Internet_{it} + \beta_2 Z_{it} + \eta_i + \lambda_i + \varepsilon_{it}$$

$$SCL_{it} = \nu_0 + \nu_1 Internet_{it} + \nu_2 Z_{it} + \eta_i + \lambda_i + \varepsilon_{it}$$

$$Value_{it} = \kappa_0 + \kappa_1 Internet_{it} + \kappa_2 SCL_{it} + \kappa_3 Z_{it} + \eta_i + \lambda_i + \varepsilon_{it} \tag{5-1}$$

在模型（5-1）中，*SCL* 代表的是中介变量制造企业的资本劳动力结构水平。第一步，前文已经验证了模型（5-1）的第一个方程，即互联网对制造企业价值创造起到了促进作用；第二步，对模型（5-1）中的第二个方程进行估计，研究互联网与中介变量资本劳动力结构之间的关系；第三步，对模型（5-1）中的第三个方程进行估计，验证本书提出的作用机制。模型（5-1）中其他变量与前文一致。i 表示企业，t 表示年度时间，*Value* 表示企业价值创造，*Internet* 代表企业互联网使用水平。Z_{it} 为控制变量，分别控制了企业规模（*SIZE*）、前十大股东持股比例（*PTS*）、第一大股东持股比例（*RLS*）、资产负债率（*LEV*）、资产结构（*ATSE*），其中企业规模采用企业年末员工总数的自然对数表示，资产负债率用企业负债总额与资产总额之比表示，资产结构采用企业固定资产总额与企业资产总额之比表示。η 为行业固定效应，λ 为区域固定效应，ε 为随机扰动项。

5.2　变量选取

资本劳动力结构：表示制造企业资本要素和劳动力要素之间的结构关系，资本劳动力结构通常采用制造企业的资本投入与劳动力投入的比值进行测度，学者也常常采用资本与劳动力之比表示资本劳动力结构（文雁兵和陆雪琴，2018；孙早和刘李华，2019；毛丰付和潘加顺，2012）。结合前文的理论分析，采用资本比企业就业人数是度量资本劳动力结构的合理变量。因此，借鉴已有测算方法，本书通过采用资产总额与低技能劳动力之比、资产总额与劳动力总数之比分别测算了资本劳动力结构进行了度量，并对测算获得的指标进行了对数处理，分别记为 SCL_a 和 SCL_b。同时，本部分将继续选取企业层面的数据对前文的理论分析结果进行检验，本部分所使用的数据主要来源于国泰安 CSMAR 数据库、Wind 资讯金融终端。

互联网与价值创造：与第 4 章使用的互联网和价值创造变量保持一致，采用企业使用互联网水平和企业是否使用互联网度量和互联网变量，而实施互联网战略水平代表制造企业使用互联网水平，是否实施互联网战略代表制造企业是否使用互联网。其中，企业实施互联网战略水平共包含 0、1、2、3、4 五个水平，0表示实施互联网战略水平最低，1、2、3、4 表示企业实施互联网战略的程度越来越高。企业是否实施互联网战略指标共包含 0 和 1 两个水平，0 表示未实施互联网战略，1 表示实施互联网战略。价值创造采用企业托宾 Q（Tobin's Q）来测度。

5.3　回归结果

5.3.1　互联网与资本劳动力结构

前文理论分析表明互联网会影响制造企业资本劳动力结构，尤其是互联网会促进资本替代低技能劳动力，改变制造企业资本劳动结构。表 5-1 汇报了互联网对资本劳动力结构的影响结果，其中第（1）、第（2）列是以资本与低技能劳动力之比的对数（SCL_a）为被解释变量，第（3）、第（4）列是以资本与劳动力总数之比的对数（SCL_b）为被解释变量，第（1）、第（3）列中未加入控制变量，第（2）、第（4）列中加入了控制变量。通过观察第（1）~第（4）列中互联网变量的系数显著性和符号方向发现，互联网变量均在 1% 水平上显著为正，说明互联网有助于提升制造企业资本劳动力结构水平。

同时，在对比第（1）列和第（3）列以及第（2）列和第（4）列中互联网变量的系数大小发现，第（1）列互联网变量系数为 0.0953，大于第（3）列互联网变量系数 0.0807，第（2）列互联网变量系数为 0.111，大于第（4）列互联网变量系数 0.0937，这表明互联网对资本低技能劳动力结构的影响效果要比对资本劳动力结构的影响效果要强，也即表明在使用互联网的过程中，制造企业中资本替代低技能劳动力的效果更强。同时，本部分还通过改变互联网变量，采用制造企业是否使用互联网变量 Internet_b 替代表 5-1 中的制造企业使用互联网水平变量 Internet_a。通过对比表 5-2 与表 5-1 报告的回归结果，表 5-1 的结果依然成立。

表 5-1　互联网对制造企业资本劳动力结构的影响回归结果一

VARIABLES	(1) SCL_a	(2) SCL_a	(3) SCL_b	(4) SCL_b
Internet_a	0.0953*** (0.00633)	0.111*** (0.00622)	0.0807*** (0.00543)	0.0937*** (0.00516)
SIZE		-0.364*** (0.0435)		-0.313*** (0.0333)
PTS		0.00757*** (0.00152)		0.00672*** (0.00131)
RLS		-0.00990*** (0.00212)		-0.00912*** (0.00178)
LEV		0.0894 (0.0563)		0.0864** (0.0414)
ASTE		-1.189*** (0.178)		-0.976*** (0.139)
Constant	14.37*** (0.00713)	17.36*** (0.395)	14.12*** (0.00612)	16.69*** (0.297)
是否控制城市	Yes	Yes	Yes	Yes
是否控制行业	Yes	Yes	Yes	Yes
Observations	4988	4988	4988	4988
R-squared	0.083	0.268	0.083	0.272
Number of code	1247	1247	1247	1247

注：*、**和***分别表示在 10%、5%和 1%的水平上显著，括号内数字为标准误。

表 5-2　互联网对制造企业资本劳动力结构的影响回归结果二

VARIABLES	(1) SCL_a	(2) SCL_a	(3) SCL_b	(4) SCL_b
Internet_b	0.195*** (0.0133)	0.209*** (0.0132)	0.164*** (0.0112)	0.175*** (0.0111)

续表

VARIABLES	(1) SCL_a	(2) SCL_a	(3) SCL_b	(4) SCL_b
SIZE		-0.326^{***} (0.0435)		-0.281^{***} (0.0333)
PTS		0.00734^{***} (0.00156)		0.00653^{***} (0.00135)
RLS		-0.0107^{***} (0.00215)		-0.00982^{***} (0.00181)
LEV		0.100^{*} (0.0558)		0.0956^{**} (0.0419)
ASTE		-1.232^{***} (0.182)		-1.013^{***} (0.143)
Constant	14.36^{***} (0.00758)	17.11^{***} (0.397)	14.12^{***} (0.00637)	16.49^{***} (0.300)
是否控制城市	Yes	Yes	Yes	Yes
是否控制行业	Yes	Yes	Yes	Yes
Observations	4988	4988	4988	4988
R-squared	0.066	0.238	0.064	0.240
Number of code	1247	1247	1247	1247

注：＊、＊＊和＊＊＊分别表示在10%、5%和1%的水平上显著，括号内数字为标准误。

5.3.2 资本劳动力结构的中介效应检验

本部分采用中介效应模型对互联网通过资本劳动力结构影响制造企业价值创造的作用机制进行了实证检验。表5-3报告了以资本与低技能劳动力之比为中介变量的回归结果。从表5-3的第（2）列中可以发现，互联网对资本劳动力结构回归的系数为0.111，且在1%的水平上显著，表示互联网具有促进制造企业资本劳动力结构提升的作用，即随着互联网使用水平的增强，资本劳动力比例不断提升。同时，在表5-1的第（1）列和第（3）列中，第（1）列中互联网的回归系数为0.185，且在1%的水平上显著，与前文结论保持一致，第（3）列中互联网的系数为0.181，也在1%的水平上显著，而资本劳动力的系数大小为0.0357，但不显著。综合表5-3的报告结果可得出结论：互联网对制造企业价值创造和制造企业资本劳动力比例均有正向促进作用，但是互联网通过资本劳动力结构促进制造企业价值创造的作用机制没有被验证。同时，本书还采用了资本与劳动力总数之比为中介变量进行了回归，回归结果依然表明，互联网有助于提升资本劳动力结构水平，而通过资本劳动力结构影响价值创造的作用机制仍未得到验证。

表 5-3 资本劳动力结构作用机制回归结果

VARIABLES	(1) Tobin's Q	(2) SCL_ a	(3) Tobin's Q
Internet_ a	0. 185 ***	0. 111 ***	0. 181 ***
	(0. 0244)	(0. 00622)	(0. 0281)
SCL			0. 0357
			(0. 109)
SIZE	−0. 560 ***	−0. 364 ***	−0. 547 ***
	(0. 128)	(0. 0435)	(0. 139)
PTS	0. 0102 *	0. 00757 ***	0. 00997
	(0. 00602)	(0. 00152)	(0. 00607)
RLS	−0. 0313 ***	−0. 00990 ***	−0. 0310 ***
	(0. 00651)	(0. 00212)	(0. 00670)
LEV	−0. 0304	0. 0894	−0. 0336
	(0. 188)	(0. 0563)	(0. 190)
ASTE	0. 286	−1. 189 ***	0. 329
	(0. 500)	(0. 178)	(0. 535)
Constant	7. 140 ***	17. 36 ***	6. 520 ***
	(1. 110)	(0. 395)	(2. 340)
是否控制城市	Yes	Yes	Yes
是否控制行业	Yes	Yes	Yes
Observations	4988	4988	4988
R-squared	0. 035	0. 268	0. 035
Number of code	1247	1247	1247

注：*、** 和 *** 分别表示在 10%、5% 和 1% 的水平上显著，括号内数字为标准误。

此外，为保证表 5-3 报告结果的稳健性，本书通过替换核心解释变量互联网的度量指标重新进行回归，回归结果见表 5-4。从表 5-4 可以看出，互联网、资本劳动力结构与制造企业价值创造的关系与表 5-1 报告结果保持一致。

表5-4 资本劳动力结构作用机制稳健性检验

VARIABLES	(1) Tobin's Q	(2) SCL_a	(3) Tobin's Q
Internet_b	0.456*** (0.0595)	0.209*** (0.0132)	0.444*** (0.0694)
SCL			0.0539 (0.111)
SIZE	−0.518*** (0.125)	−0.326*** (0.0435)	−0.500*** (0.135)
PTS	0.00993* (0.00602)	0.00734*** (0.00156)	0.00954 (0.00609)
RLS	−0.0315*** (0.00639)	−0.0107*** (0.00215)	−0.0309*** (0.00661)
LEV	−0.00653 (0.183)	0.100* (0.0558)	−0.0119 (0.185)
ASTE	0.231 (0.501)	−1.232*** (0.182)	0.298 (0.539)
Constant	6.783*** (1.088)	17.11*** (0.397)	5.860** (2.330)
是否控制城市	Yes	Yes	Yes
是否控制行业	Yes	Yes	Yes
Observations	4988	4988	4988
R−squared	0.038	0.238	0.038
Number of code	1247	1247	1247

注：*、**和***分别表示在10%、5%和1%的水平上显著，括号内数字为标准误。

5.4 异质性分析

5.4.1 所有制异质性分析：国有制造企业和非国有制造企业

考虑对于不同所有制制造企业中互联网影响资本劳动力结构水平的所有制差

异。因此，本部分引入国有和非国有两组样本进行所有制异质性检验，考察互联网的使用对不同所有制的制造企业资本劳动力结构的影响，回归结果见表5-5。在表5-5中，国有企业和非国有企业样本均采用固定效应回归模型进行回归。在国有制造企业的样本回归结果中，第（1）、第（3）列的回归系数分别为0.101、0.0757，在非国有制造企业的样本回归结果中，第（2）、第（4）列的回归系数分别为0.112、0.0998，表明在国有和非国有制造企业中，互联网的使用均正向作用于资本劳动力结构比，同时，其显著性显示国有和非国有企业的互联网变量系数均在1%的水平上显著。

表5-5　所有制异质性分析结果

VARIABLES	（1） 国有制造企业 SCL_a	（2） 非国有制造企业 SCL_a	（3） 国有制造企业 SCL_b	（4） 非国有制造企业 SCL_b
Internet_a	0.101***	0.112***	0.0757***	0.0998***
	(0.00990)	(0.00767)	(0.00743)	(0.00661)
SIZE	−0.440***	−0.355***	−0.377***	−0.306***
	(0.0930)	(0.0484)	(0.0673)	(0.0389)
PTS	0.0138***	0.00514***	0.0119***	0.00480***
	(0.00319)	(0.00161)	(0.00260)	(0.00143)
RLS	−0.00740*	−0.00961***	−0.00839**	−0.00830***
	(0.00421)	(0.00239)	(0.00326)	(0.00208)
LEV	−0.0389	0.140***	0.0203	0.111***
	(0.150)	(0.0420)	(0.111)	(0.0385)
ASTE	−0.851***	−1.333***	−0.583***	−1.172***
	(0.316)	(0.204)	(0.224)	(0.169)
Constant	17.87***	17.27***	17.12***	16.62***
	(0.833)	(0.438)	(0.557)	(0.352)
是否控制城市	Yes	Yes	Yes	Yes
是否控制行业	Yes	Yes	Yes	Yes
Observations	1632	3356	1632	3356
R-squared	0.289	0.274	0.313	0.273
Number of code	408	839	408	839

注：*、**和***分别表示在10%、5%和1%的水平上显著，括号内数字为标准误。

在验证了互联网对国有制造企业和非国有制造企业的资本劳动力结构存在一致正向作用，现继续通过观察回归系数大小，分析互联网对不同所有制企业的作用大小进行比较。比较发现，非国有制造企业的系数要大于国有制造企业的系数，这表明互联网对国有制造企业和非国有制造企业的资本劳动力结构的影响大小存在差异，且非国有制造企业要强于非国有企业。对这一结果可能的解释是，在利用互联网促进企业发展过程中，资本劳动结构比不断提高，而国有企业比非国有企业承担着更多的社会就业责任，进而使得在互联网对资本劳动力结构的影响中国有企业要弱于非国有企业。

5.4.2 所有制异质性稳健性检验

为保证所有制异质性分析结论的可靠性，现针对表5-5报告的结果进行稳健性检验。这里通过替换核心解释变量互联网的度量指标进行稳健性检验。如表5-6所示，将制造企业使用互联网水平的度量指标 Internet_a 替换成制造企业是否使用互联网的度量指标 Internet_b。从表5-6中可以看出，替换变量后互联网变量的系数符号和显著性都与表5-5保持一致，同时，互联网对制造企业资本劳动力结构影响系数的大小，仍是保持在非国有企业大于在国有企业，这一结论与表5-5汇报的结果保持一致。

表5-6 所有制异质性稳健性检验结果

VARIABLES	(1) 国有制造企业 SCL_a	(2) 非国有制造企业 SCL_a	(3) 国有制造企业 SCL_b	(4) 非国有制造企业 SCL_b
Internet_b	0.202***	0.207***	0.150***	0.187***
	(0.0189)	(0.0177)	(0.0142)	(0.0156)
SIZE	-0.414***	-0.314***	-0.358***	-0.270***
	(0.0937)	(0.0484)	(0.0677)	(0.0389)
PTS	0.0135***	0.00495***	0.0117***	0.00465***
	(0.00327)	(0.00166)	(0.00265)	(0.00148)

续表

VARIABLES	（1） 国有制造企业 SCL_a	（2） 非国有制造企业 SCL_a	（3） 国有制造企业 SCL_b	（4） 非国有制造企业 SCL_b
RLS	−0.00733* (0.00416)	−0.0107*** (0.00244)	−0.00835** (0.00323)	−0.00925*** (0.00213)
LEV	−0.0248 (0.149)	0.149*** (0.0455)	0.0306 (0.110)	0.120*** (0.0418)
ASTE	−0.871*** (0.315)	−1.382*** (0.211)	−0.599*** (0.227)	−1.216*** (0.176)
Constant	17.65*** (0.840)	17.03*** (0.441)	16.96*** (0.562)	16.41*** (0.356)
是否控制城市	Yes	Yes	Yes	Yes
是否控制行业	Yes	Yes	Yes	Yes
Observations	1632	3356	1632	3356
R-squared	0.286	0.231	0.308	0.230
Number of code	408	839	408	839

注：*、**和***分别表示在10%、5%和1%的水平上显著，括号内数字为标准误。

5.4.3 行业异质性分析：装备类制造业和消费类制造业

与前文所有制异质性分析类似，为分析对于不同行业制造企业互联网影响资本劳动力结构水平的差异，本部分引入装备类制造业和消费类制造业两组样本进行行业异质性检验，考察互联网的使用对不同行业的制造企业资本劳动力结构的影响。表5-7报告了回归结果，其中回归方法采用固定效应回归模型。结果显示互联网变量在第（1）~第（4）列中的系数均为正且在1%水平上显著，表明互联网对装备类制造企业和消费类制造企业的资本劳动力结构的影响在方向上没有差异，均表现出正向促进作用。现在分析互联网对装备类制造业和消费类制造业中的资本劳动力结构影响程度差异。在表5-7中的第（1）列装备制造企业的互联网变量系数为0.0970，在第（2）列中消费制造企业的互联网变量系数为0.117，比较装备制造企业组与消费制造企业组的互联网变量系数大小可以得出，在消费制造企业组中的互联网变量的系数更大，同时，在替换被解释变量资本劳动力结构的度量方式时，这一大小关系依然存在。因此，可以得出互联网对装备类制造业和消费类制造企业的资本劳动力结构的影响大小存在差异，且对消费类制造企业的影响要强于对装备类制造企业的影响。

表5-7　行业异质性分析结果

VARIABLES	（1）装备制造企业 SCL_a	（2）消费制造企业 SCL_a	（3）装备制造企业 SCL_b	（4）消费制造企业 SCL_b
Internet_a	0.0970***	0.117***	0.0804***	0.0996***
	(0.00934)	(0.00807)	(0.00748)	(0.00673)
SIZE	−0.301***	−0.432***	−0.275***	−0.360***
	(0.0495)	(0.0651)	(0.0422)	(0.0475)
PTS	0.00721***	0.00823***	0.00569***	0.00774***
	(0.00248)	(0.00198)	(0.00219)	(0.00168)
RLS	−0.0126***	−0.00868***	−0.0123***	−0.00770***
	(0.00321)	(0.00272)	(0.00276)	(0.00221)
LEV	0.425***	0.0130	0.396***	0.0174
	(0.104)	(0.0758)	(0.0850)	(0.0502)
ASTE	−1.319***	−1.111***	−1.164***	−0.877***
	(0.289)	(0.221)	(0.246)	(0.167)
Constant	16.87***	17.83***	16.42***	17.00***
	(0.509)	(0.564)	(0.423)	(0.405)
是否控制城市	Yes	Yes	Yes	Yes
是否控制行业	Yes	Yes	Yes	Yes
Observations	2000	2988	2000	2988
R-squared	0.243	0.305	0.260	0.305
Number of code	500	747	500	747

注：*、**和***分别表示在10%、5%和1%的水平上显著，括号内数字为标准误。

5.4.4　行业异质性稳健性检验

为保证行业异质性结论的可靠性，现针对表5-7报告的结果进行稳健性检验。这里通过替换核心解释变量互联网进行稳健性检验。如表5-8所示，将制造企业实施互联网战略水平的度量指标 Internet_a 替换成制造企业是否使用互联网的度量指标 Internet_b。从表5-8中可以看出，替换变量后装备类制造企业和消费类制造企业样本的核心解释变量互联网的回归系数从第（1）~第（4）列分别为0.180、0.224、0.151和0.185，同时在1%的水平上显著，其中第（1）、第（3）列样本是装备类制造企业，第（2）、第（4）列样本是消费类制造企业。通过对系数进行比较，发现互联网对制造企业资本劳动力结构的影响在消费类制造企业中的效果要强于装备类制造企业，与表5-7得到的结论保持一致。

表5-8　行业异质性稳健性检验结果

VARIABLES	（1） 装备制造企业 SCL_a	（2） 消费制造企业 SCL_a	（3） 装备制造企业 SCL_b	（4） 消费制造企业 SCL_b
Internet_b	0.180***	0.224***	0.151***	0.185***
	(0.0186)	(0.0180)	(0.0155)	(0.0150)
SIZE	-0.266***	-0.396***	-0.246***	-0.329***
	(0.0500)	(0.0657)	(0.0417)	(0.0487)
PTS	0.00609**	0.00869***	0.00477**	0.00813***
	(0.00249)	(0.00205)	(0.00219)	(0.00175)
RLS	-0.0131***	-0.00964***	-0.0127***	-0.00856***
	(0.00320)	(0.00277)	(0.00273)	(0.00227)
LEV	0.430***	0.0266	0.400***	0.0286
	(0.103)	(0.0711)	(0.0838)	(0.0468)
ASTE	-1.396***	-1.131***	-1.228***	-0.894***
	(0.296)	(0.225)	(0.252)	(0.172)
Constant	16.70***	17.56***	16.28***	16.77***
	(0.518)	(0.570)	(0.423)	(0.416)
是否控制城市	Yes	Yes	Yes	Yes
是否控制行业	Yes	Yes	Yes	Yes
Observations	2000	2988	2000	2988

续表

VARIABLES	（1） 装备制造企业 SCL_a	（2） 消费制造企业 SCL_a	（3） 装备制造企业 SCL_b	（4） 消费制造企业 SCL_b
R-squared	0.215	0.273	0.236	0.269
Number of code	500	747	500	747

注：＊、＊＊和＊＊＊分别表示在10％、5％和1％的水平上显著，括号内数字为标准误。

5.5 本章小结

本章在前文理论分析的基础上构建计量模型，并基于上市公司制造企业数据，对互联网、资本劳动力结构与制造企业价值创造的作用机理进行实证检验。结果表明：第一，随着制造企业对互联网使用水平的提高，互联网有助于提升制造企业资本劳动力结构比例，即互联网水平越高，制造企业的资本和劳动力的比值越大；第二，在研究样本期内，互联网通过提升资本劳动力结构比例促进制造企业价值创造的作用机制不显著；第三，企业所有制异质性分析表明，互联网对国有制造企业和非国有制造企业的资本劳动力结构的影响大小存在差异，对非国有制造企业的影响效果要强于对国有制造企业的影响效果；第四，企业行业异质性分析表明，互联网对装备类制造企业和消费类制造企业的资本劳动力结构的影响大小存在差异，且消费类制造企业要强于装备类制造企业。

6 互联网、要素配置效率与制造企业价值创造的实证检验

在第2章的理论分析中，分析结果表明互联网会通过改善要素配置效率促进制造企业的价值创造。这其中的作用机制在于伴随着制造企业对互联网的使用，互联网会带动制造企业要素配置效率的提高，而要素配置效率的提高则会促进制造企业价值创造。本章为验证互联网是否通过提高要素配置效率促进制造企业价值创造，下面将构建计量模型对这一作用机制进行实证检验。

6.1 模型建立

为考察互联网通过改变要素配置效率影响价值创造的作用机制，本部分采用与前文类似的模型构建方法，构建如下的中介效应模型，对互联网、要素配置效率与制造企业价值创造之间的作用机制进行验证：

$$Value_{it} = \beta_0 + \beta_1 Internet_{it} + \beta_2 Z_{it} + \eta_i + \lambda_i + \varepsilon_{it}$$

$$FAE_{it} = \nu_0 + \nu_1 Internet_{it} + \nu_2 Z_{it} + \eta_i + \lambda_i + \varepsilon_{it}$$

$$Value_{it} = \kappa_0 + \kappa_1 Internet_{it} + \kappa_2 FAE_{it} + \kappa_3 Z_{it} + \eta_i + \lambda_i + \varepsilon_{it} \qquad (6-1)$$

在模型（6-1）中，FAE 代表的是中介变量制造企业的要素配置效率。

第一步，验证模型（6-1）的第一个方程，即互联网对制造企业价值创造的影响；第二步，对模型（6-1）中的第二个方程进行估计，研究互联网与中介变量要素配置效率之间的关系；第三步，对模型（6-1）中的第三个方程进行估计，验证本书提出的作用机制。同时，模型（6-1）中其他变量与前文一致。i 表示企业，t 表示年度时间，$Value$ 表示企业价值创造，$Internet$ 代表企业互联网使用水平。Z 为控制变量，分别控制了企业规模（$SIZE$）、前十大股东持股比例（PTS）、第一大股东持股比例（RLS）、资产负债率（LEV）、资产结构（$ATSE$），其中企业规模采用企业年末员工总数的自然对数表示，资产负债率用企业负债总额与资产总额之比表示，资产结构采用企业固定资产总额与企业资产总额之比表示。η 为行业固定效应，λ 为区域固定效应，ε 为随机扰动项。

6.2　变量选取

6.2.1　数据说明

本部分将继续选取企业层面的数据对前文的理论分析结果进行检验，本部分所使用的数据主要来源于国泰安 CSMAR 数据库、Wind 资讯金融终端。同时由于结合上市公司的数据情况，在前文样本的基础上，将由于应付职工薪酬、利息支出数据缺失而导致劳动力成本和资本成本为零的样本，最终得到 2013~2016 年 647 家制造企业数据，共 2588 个样本。此外，由于在运用数据包络法进行效率测算时，投入和产出指标均不能出现负值，而产出指标利润存在负值。因此，在进行配置效率测算前，本书对投入产出指标进行了标准化处理。

6.2.2 变量选择

要素配置效率：本书参考程锐等（2019）的测算方法，通过数据包络分析方法（Data Envelopment Analysis）基于投入产出指标测度要素配置效率，同时考虑到上市企业数据的实际情况，最终确定四个投入指标、一个产出指标。其中，投入指标含劳动力投入、资本投入、劳动力成本以及资本成本，产业指标以营业总收入代替。在具体指标度量方面：劳动力投入采用员工总数度量，资本投入采用资产总额度量。劳动力成本参考程锐等（2019）的计算方法，采用从业人员的平均工资水平测度劳动力成本，结合上市公司数据的指标情况，使用应付职工薪酬/员工总数代表从业人员的平均工资水平，资本成本参考李雪松等（2017）的计算方法采用利息支出/营业收入测度资本成本。

互联网与价值创造：与第4章使用的互联网和价值创造变量保持一致，采用企业使用互联网水平和企业是否使用互联网度量互联网变量，实施互联网战略水平代表制造企业使用互联网水平，是否实施互联网战略代表制造企业是否使用互联网。其中，企业实施互联网战略水平共包含0、1、2、3、4五个水平，0表示实施互联网战略水平最低，1、2、3、4表示企业实施互联网战略的程度越来越高。企业是否实施互联网战略指标共包含0和1两个水平，0表示未实施互联网战略，1表示实施互联网战略。价值创造采用企业托宾Q（Tobin's Q）来测度。

表6-1汇报了各变量的描述性统计结果。

表6-1 变量描述性统计

变量名称	变量符号	观测值	最大值	最小值	均值	标准差
托宾Q	Tobin's Q	2588	14.7643	0.082643	1.91883	1.48924
利润	PRO	2588	5049246	−596921	42117.42	201975.1
互联网指标a	Internet_a	2588	4	0	1.07496	1.21539
互联网指标b	Internet_b	2588	1	0	0.558346	0.49668
要素配置效率a	FAE_a	2588	1	0.268	0.620981	0.059831
要素配置效率b	FAE_b	2588	1	0.315	0.848992	0.089862

续表

变量名称	变量符号	观测值	最大值	最小值	均值	标准差
财务杠杆	LEV	2588	3.61312	0	0.439428	0.198041
资产结构	ATSE	2588	0.809345	0.009239	0.270673	0.149756
规模	SIZE	2588	12.186	4.584968	8.196507	1.143246
前十大股东持股比例	PTS	2588	101.16	12.72	56.374	14.8796
第一大股东持股比例	RLS	2588	88.55	3.62	34.4157	14.4998

6.3 回归结果

6.3.1 基准回归

前文第 4 章中在分析互联网对制造企业价值创造的影响时，已对互联网与制造企业价值创造之间的关系进行了实证检验。但由于本章的研究样本量与第 4 章的样本量存在差异，可能存在样本量变化引起两者之间关系的变化。因此，本章在分析之前，对互联网与制造企业价值创造之间的关系进行了再次检验。检验结果见表 6-2，在表 6-2 的第（1）、第（2）列中报告的是采用随机效应模型进行的回归结果，没有控制城市和行业，在第（3）、第（4）列中报告的是采用固定效应模型进行的回归结果，同时控制了企业所在城市和所在行业，在第（1）、第（3）列中报告了没有加入控制变量时互联网变量的回归系数分别为 0.145 和 0.132，均在 1% 水平上显著，第（2）、第（4）列中报告了加入控制变量后互联网变量的回归系数分别为 0.170 和 0.141，除系数大小有变化外，符号方向和显著性不发生改变。这一结果表明，虽然样本量与前文存在差异，但是互联网有利于制造企业的价值创造这一结论依然成立。

表 6-2 基准回归结果

VARIABLES	(1) Tobin's Q	(2) Tobin's Q	(3) Tobin's Q	(4) Tobin's Q
Internet_a	0. 145*** (0. 0245)	0. 170*** (0. 0223)	0. 132*** (0. 0252)	0. 141*** (0. 0276)
SIZE		−0. 492*** (0. 0311)		−0. 465*** (0. 122)
PTS		0. 00975*** (0. 00251)		0. 00156 (0. 00372)
RLS		−0. 00645*** (0. 00243)		−0. 0258*** (0. 00731)
LEV		−1. 654*** (0. 255)		−0. 205 (0. 334)
ASTE		−0. 848*** (0. 162)		0. 607 (0. 442)
Constant	1. 763*** (0. 0370)	6. 402*** (0. 218)	1. 777*** (0. 0271)	6. 307*** (1. 035)
是否控制城市	NO	NO	Yes	Yes
是否控制行业	NO	NO	Yes	Yes
Observations	2588	2588	2588	2588
R-squared	0. 014	0. 281	0. 016	0. 048
Number of code			647	647

注: *、**和***分别表示在10%、5%和1%的水平上显著,括号内数字为标准误。

同时,在表6-3中,通过替换互联网变量后,发现无论是采用随机效应模型回归还是采用固定效应模型回归,回归结果均与表6-2保持一致。

表 6-3 基准回归结果稳健性检验

VARIABLES	(1) Tobin's Q	(2) Tobin's Q	(3) Tobin's Q	(4) Tobin's Q
Internet_b	0. 341*** (0. 0578)	0. 377*** (0. 0499)	0. 332*** (0. 0519)	0. 319*** (0. 0544)

续表

VARIABLES	(1) Tobin's Q	(2) Tobin's Q	(3) Tobin's Q	(4) Tobin's Q
SIZE		−0.482***		−0.426***
		(0.0308)		(0.121)
PTS		0.00961***		0.00170
		(0.00251)		(0.00373)
RLS		−0.00682***		−0.0254***
		(0.00242)		(0.00731)
LEV		−1.658***		−0.167
		(0.257)		(0.331)
ASTE		−0.976***		0.504
		(0.161)		(0.448)
Constant	1.728***	6.344***	1.733***	5.947***
	(0.0409)	(0.217)	(0.0290)	(1.023)
是否控制城市	NO	NO	Yes	Yes
是否控制行业	NO	NO	Yes	Yes
Observations	2588	2588	2588	2588
R-squared	0.013	0.278	0.022	0.050
Number of code			647	647

注：＊、＊＊和＊＊＊分别表示在10%、5%和1%的水平上显著，括号内数字为标准误。

6.3.2 作用机制检验

在使用数据包络法计算要素配置效率的基础上，本书采用计量模型分析互联网对制造企业要素配置效率的影响，并验证互联网通过要素配置效率作用于制造企业价值创造的机制，在回归模型中使用的要素配置效率指标 FAE_a 是以包含劳动力投入、资本投入、劳动力成本以及资本成本为投入指标，以营业总收入为产业指标进行测算的。

表6-4报告了估计结果，第（1）~第（3）列采用固定效应模型进行回归并控制了城市和行业。从表6-4第（1）列中可以看出互联网的系数大小为

0.141，在1%的水平上通过显著性检验，与表6-2中保持一致。第（2）列中互联网对要素配置效率的回归系数大小为-0.00240，在1%水平上显著。第（3）列中的互联网变量和要素配置效率变量的系数分别为0.143和1.002，同样均在1%水平上显著为正。综合表6-4的报告结果可以发现：第一，互联网对要素配置效率存在负向作用，互联网通过提高要素配置效率促进制造企业价值创造的作用机制未得到验证；第二，要素配置效率对制造企业价值创造存在正向促进作用，即要素配置效率越高，越有利于制造企业价值创造。

表6-4　要素配置效率作用机制回归结果一

VARIABLES	(1) Tobin's Q	(2) FAE_a	(3) Tobin's Q
Internet_a	0.141 ***	-0.00240 ***	0.143 ***
	(0.0276)	(0.000738)	(0.0276)
FAE_a			1.002 ***
			(0.299)
SIZE	-0.465 ***	-0.0128 ***	-0.453 ***
	(0.122)	(0.00360)	(0.122)
PTS	0.00156	-3.79e-05	0.00159
	(0.00372)	(0.000147)	(0.00372)
RLS	-0.0258 ***	-1.39e-05	-0.0258 ***
	(0.00731)	(0.000150)	(0.00731)
LEV	-0.205	-0.00173	-0.203
	(0.334)	(0.00864)	(0.330)
ASTE	0.607	0.0230 **	0.584
	(0.442)	(0.00934)	(0.442)
Constant	6.307 ***	0.725 ***	5.580 ***
	(1.035)	(0.0326)	(1.043)
是否控制城市	YES	YES	YES
是否控制行业	YES	YES	YES
Observations	2588	2588	2588
R-squared	0.048	0.016	0.050

VARIABLES	(1) Tobin's Q	(2) FAE_a	(3) Tobin's Q
Number of code	647	647	647

注：＊、＊＊和＊＊＊分别表示在10%、5%和1%的水平上显著，括号内数字为标准误。

表6-5报告了替换关键变量的机制检验回归结果，将要素配置效率指标FAE_a替换成要素配置效率指标FAE_b，其中要素配置效率FAE_b是在测算要素配置效率指标FAE_a的产出指标上增加了利润总额后重新进行的测算。即测算要素配置效率FAE_b的指标体系中投入指标包含劳动力投入、资本投入、劳动力成本以及资本成本，产出指标包含营业总收入和利润总额。在表6-5中回归结果与表6-4回归结果保持一致。

通过表6-4和表6-5得出的结论中，互联网对要素配置效率存在负向作用，从而使得互联网通过提高要素配置效率促进制造企业价值创造的作用机制没有得到验证，与前文理论分析结果存在差异。结合已有研究，ICT投入给企业发展带来的提升效果与企业的其他配套投入相关，尤其是企业的配套管理水平（Brynjolfsson和Hitt，1995，1996；Bloom等，2012；何小钢等，2019），随着管理水平的提升，互联网对制造企业要素配置效率的效果将逐步显现。因此，在制造企业使用互联网水平增强的同时，与之相应的管理配套还不完善，还未形成对要素配置效率的有效促进，是互联网负向作用于要素配置效率的一种可能解释。

表6-5　要素配置效率作用机制回归结果二

VARIABLES	(1) Tobin's Q	(2) FAE_b	(3) Tobin's Q
Internet_a	0.141＊＊＊ (0.0276)	−0.00403＊＊＊ (0.000772)	0.147＊＊＊ (0.0273)
FAE_b			1.463＊＊＊ (0.392)

续表

VARIABLES	(1) Tobin's Q	(2) FAE_b	(3) Tobin's Q
SIZE	−0.465***	−0.0272***	−0.426***
	(0.122)	(0.00412)	(0.125)
PTS	0.00156	−5.02e−05	0.00163
	(0.00372)	(0.000167)	(0.00372)
RLS	−0.0258***	0.000251	−0.0261***
	(0.00731)	(0.000175)	(0.00734)
LEV	−0.205	−0.0170**	−0.180
	(0.334)	(0.00681)	(0.336)
ASTE	0.607	−0.00262	0.610
	(0.442)	(0.0115)	(0.442)
Constant	6.307***	1.078***	4.730***
	(1.035)	(0.0372)	(1.198)
是否控制城市	YES	YES	YES
是否控制行业	YES	YES	YES
Observations	2588	2588	2588
R-squared	0.048	0.060	0.051
Number of code	647	647	647

注：*、**和***分别表示在10%、5%和1%的水平上显著，括号内数字为标准误。

6.3.3 作用机制稳健性检验

为保证表6-4和表6-5中结论的稳健性，现针对表6-4、表6-5报告的结果进行稳健性检验。这里通过替换核心解释变量互联网的度量指标进行稳健性检验。如表6-6和表6-7所示，将制造企业使用互联网水平的度量指标（Internet_a）替换成制造企业是否使用互联网的度量指标（Internet_b）。从表6-6、表6-7报告结果可以看出，互联网变量和要素配置效率变量的系数方向与表6-2保持一致，同时除表6-6中第（2）列互联网变量显著性有变化外，其他互联网变量和要素配置效率变量的显著性与前文保持一致，这在一定程度上说明了研究结论的稳健性。

表6-6 要素配置效率作用机制回归结果稳健性检验一

VARIABLES	(1) Tobin's Q	(2) FAE_a	(3) Tobin's Q
Internet_b	0.319*** (0.0544)	-0.000829 (0.00173)	0.319*** (0.0544)
FAE_a			0.838*** (0.298)
SIZE	-0.426*** (0.121)	-0.0143*** (0.00358)	-0.414*** (0.120)
PTS	0.00170 (0.00373)	-4.22e-05 (0.000147)	0.00174 (0.00373)
RLS	-0.0254*** (0.00731)	4.62e-05 (0.000152)	-0.0255*** (0.00732)
LEV	-0.167 (0.331)	-0.00134 (0.00857)	-0.166 (0.328)
ASTE	0.504 (0.448)	0.0244** (0.00949)	0.483 (0.448)
Constant	5.947*** (1.023)	0.734*** (0.0326)	5.332*** (1.033)
是否控制城市	YES	YES	YES
是否控制行业	YES	YES	YES
Observations	2588	2588	2588
R-squared	0.050	0.013	0.051
Number of code	647	647	647

注：*、**和***分别表示在10%、5%和1%的水平上显著，括号内数字为标准误。

表6-7 要素配置效率作用机制回归结果稳健性检验二

VARIABLES	(1) Tobin's Q	(2) FAE_b	(3) Tobin's Q
Internet_b	0.319*** (0.0544)	-0.00496*** (0.00177)	0.325*** (0.0540)
FAE_b			1.325*** (0.394)

续表

VARIABLES	（1） Tobin's Q	（2） FAE_b	（3） Tobin's Q
SIZE	-0.426***	-0.0291***	-0.387***
	(0.121)	(0.00411)	(0.124)
PTS	0.00170	-5.59e-05	0.00178
	(0.00373)	(0.000168)	(0.00373)
RLS	-0.0254***	0.000300*	-0.0258***
	(0.00731)	(0.000179)	(0.00736)
LEV	-0.167	-0.0172**	-0.144
	(0.331)	(0.00682)	(0.333)
ASTE	0.504	-6.72e-06	0.504
	(0.448)	(0.0117)	(0.449)
Constant	5.947***	1.091***	4.502***
	(1.023)	(0.0374)	(1.188)
是否控制城市	YES	YES	YES
是否控制行业	YES	YES	YES
Observations	2588	2588	2588
R-squared	0.050	0.054	0.053
Number of code	647	647	647

注：*、**和***分别表示在10%、5%和1%的水平上显著，括号内数字为标准误。

6.4　本章小结

本章在前文理论分析的基础上构建计量模型，实证检验互联网通过要素配置效率对制造企业价值创造的作用机理。本章采用上市公司2013~2016年2588个样本进行实证分析，在此基础上使用数据包络法测算制造企业要素配置效率。实证结果表明：第一，虽然样本量存在差异，但是互联网与制造企业价值创造之间的关系并没有改变。随着制造企业对互联网使用水平的提高，互联网有利于制造企业的价值创造这一结论依然成立；第二，在研究样本期内，要素配置效率对制造企业价值创造存在正向促进作用，即要素配置效率越高，越有利于制造企业价值创造；第三，互联网对要素配置效率存在负向作用，即制造企业使用互联网水平越高，要素配置效率越低。

7 研究结论与展望

7.1 研究结论

价值创造自始至终是企业进行生产的重要目标，这一问题长期受到学者们的广泛关注，从亚当·斯密到现代经济学学者对于价值创造问题的研究一直在提出新的研究问题并得出新的研究结论，不断地完善企业价值创造理论。企业价值创造是一个对企业发展情况的综合概述，其内涵丰富，本书的主题制造企业价值创造的研究聚焦于企业财务会计视角的企业价值创造水平。智能制造、工业 4.0、个性化定制等基于互联网发展带来的制造企业全方位、多维度的变革正在发生，即制造企业正经历着互联网带来的深刻变革，制造企业正和互联网逐步走向深度融合，互联网与制造业的深度融合将带动制造企业转型升级。考虑到企业创造价值需要要素投入，不同要素投入形成的要素配置状态会影响制造企业价值创造，互联网要影响制造企业价值创造，必然会通过改变制造企业要素配置这一途径作用于制造企业价值创造。因此，基于要素配置视角研究围绕互联网与制造企业深度融合的价值创造内涵、互联网与制造企业深度融合的价值创造机理进行了相关研究，得出了相关研究结论，下面对前文的研究结论进行总结。

前文以互联网为切入点，基于要素配置视角，重点分析了互联网对制造企业价值创造的作用机制，主要从以下四个维度对这一作用机制进行了剖析：一是互联网对制造企业价值创造环节的影响；二是互联网通过影响劳动力结构间接作用于制造企业价值创造；三是互联网通过影响资本劳动力结构间接作用于制造企业价值创造；四是互联网通过影响要素配置效率间接作用于制造企业价值创造。文中采用了数理推导、随机效应模型以及固定效应模型等多种方法，结合世界银行调查数据、上市公司数据、上市公司年报数据、城市和省级层面数据、行业层面数据以及专业研究结构发布数据，尽可能翔实地实证检验互联网对制造企业价值创造的作用机制。

本书得到的主要研究结论有：

第一，根据互联网对制造企业价值创造环节的影响得出研究结论：互联网会影响制造企业价值创造的各个环节，制造企业在生产环节使用互联网对价值创造的影响、制造企业在营销环节使用互联网对价值创造的影响以及制造企业在服务环节使用互联网对价值创造的影响均表现出显著的正向促进作用。经过稳健性检验以及内生性问题处理后，上述研究结论依然成立。

第二，根据互联网、劳动力结构与制造企业价值创造之间的作用机制得出研究结论：互联网对制造企业价值创造有促进作用，即企业使用互联网程度越强，越有利于企业的价值创造；机制检验发现，互联网会提升企业劳动力结构水平，制造企业对互联网使用水平越高，企业使用高技能劳动力占比越高；同时，互联网会通过提高企业劳动力结构水平促进制造企业价值创造。异质性分析发现，互联网对国有制造企业劳动力结构升级的影响要大于对非国有制造企业劳动力结构升级的影响，互联网对消费制造企业劳动力结构的影响要大于对装备制造企业劳动力结构的影响。

第三，根据互联网、资本劳动力结构与制造企业价值创造之间的作用机制得出研究结论：随着制造企业对互联网使用水平的提高，互联网有助于提升制造企业资本劳动力的结构比例，即互联网水平越高，制造企业的资本和劳动力的比值越大；在研究样本期内，互联网通过提升资本劳动力结构比例促进制造企业价值创造的作用机制不显著；企业所有制异质性分析表明，在互联网对国有制造企业和非国有制造企业的资本劳动力结构的影响中，对非国有制造企业的影响效果要强于对国有制造企业的影响效果；行业异质性分析表明，互联网对装备类制造企业和消费类制造企业的资本劳动力结构的影响中，对消费类制造企业的影响要强于装备类制造企业。

第四，根据互联网、要素配置效率与制造企业价值创造之间的作用机制得出研究结论：虽然样本量存在差异，但互联网有利于制造企业的价值创造这一结论再次检验后依然成立；在研究样本期内，要素配置效率对制造企业价值创造存在正向促进作用，即要素配置效率越高，越有利于制造企业价值创造；互联网对要素配置效率存在负向作用，即制造企业使用互联网水平越高，要素配置效率越低。

7.2 政策建议

目前，制造业发展面临发展困境，发展动力不足问题，制造业进行转型升级压力较大。在此背景下，加快推动互联网与制造企业深度融合，借助互联网技术实现制造业转型升级。积极培育制造业发展新业态，发掘新的经济增长点，解决制造业发展面临的瓶颈和困难。未来智能化转型、数字化转型以及服务化转型是制造业发展的主要方向。为抓住此次发展机遇，抢占未来制造业发展高地，政府出台了《国务院关于深化制造业与互联网融合发展的指导意见》等相关政策文件，这些文件指出要进一步加快互联网在制造领域的应用，并明确制造业网络化、智能化、数字化的发展方向。这既是制造业发展的需要，促进我国制造业由制造业大国向制造业强国迈进，也是时代发展的必然要求，是实现我国经济高质量的必然要求。通过前文的分析可知，在工业4.0时代，新一代移动信息技术推动制造业发生了重大变革，制造业企业的研发设计、生产制造和营销服务模式也被改变，成为制造业转型升级的新引擎。制造业利用信息技术实现转型升级，改变我国制造业长期处于全球价值链低端的局面，逐步走向全球价值链高端。

目前，国家正在大力推进制造业借助互联网进行转型升级，在推动互联网与制造业深度融合过程中，网络是基础、平台是核心、技术创新是动力，人才是主体、金融是保障。然而，我们目前的网络基础、技术、人才以及资金等方面的情况还不能满足制造业发展，网络基础设施尚未完善、平台仍存在不足，关键技术缺失与人才供给不足、资金不足，致使互联网与制造业融合程度不够。为了促进互联网与制造业深度融合，加快我国制造业实现智能制造，推动我国由制造大国向制造强国转变，结合本书研究结论，下面从加快网络基础设施建设、加快网络平台建设、提高技术创新水平、加强人才的引进和培养以及完善金融服务体系五个方面提出相关对策建议，旨在为相关部门进行决策分析提供参考。

7.2.1 加快网络基础设施建设

网络设施是智能制造、智慧工厂、互联网经济等的基础，从第一代移动网络通信技术到第四代网络通信技术，互联网一直在改造制造业，推动着制造业变革，提升制造企业价值创造水平。如果说从第一代移动网络通信技术到第四代移动网络通信技术起到了越来越强的推动作用，那么正在到来的新一代移动网络通信技术将会对制造业发展带来一次变革性的改变，制造业的生产、销售以及售后等均会发生变化，同时制造业的发展也离不开互联网，互联网背景下的制造企业在转型时需要依赖于网络基础设施，特别是未来制造企业的一些特殊应用场景需要依赖于互联网来实现。

目前，我们在建设新一代移动通信网络时面临着许多困难，首要就是通信运营商在安装新一代移动通信网络基础设备时，安装成本是原有设备安装成本的数倍，其安装成本过高。同时，新一代移动网络通信设备安装后的运营能耗也更高，在用户不足的情况下，运营商会调整对新一代移动通信网络设备的安装进度。此外，在商用初期，用户规模不足、应用场景缺乏、可获得的收益还很少。但是，随着未来应用场景的不断开发，成本过高和用户不足的问题将逐步得到解决，未来无论是网络设施的建设运营商还是用户均会通过利用新一代移动通信技术网络获得千百倍的收益。

互联网在运营过程中依赖稳定可靠的网络基础设施，我国网络基础设施建设有待进一步加强。一是继续完善互联网架构顶层设计。加快国家级互联网骨干直联点建设，对互联网骨干网和城域网进行扩容升级，强化国家级骨干网直联点的管理，充分发挥骨干网直联点的中心枢纽作用。通过建立国家大数据中心，推动全国互联网骨干直联点协调统一，形成全国互联网一体化的通信格局。二是加快推进宽带网络基础设施建设与改造，加大宽带网络、通信系统、集成软件等互联网相关基础设施建设。扩大宽带网络覆盖范围，实现光纤到社区、进村入户，完成产业园区及各类企业光纤全面覆盖。此外，未来制造业对网络基础设施具有更高的要求，下一步应逐步提升工业互联网基础设施建设水平，实现低时延、高可靠、广覆盖的工业互联网建设，满足制造业数字化、网络化和智能化生产需求。

7.2.2 加快网络平台搭建

如果说网络是基础，那么平台则是制造业与互联网深度融合的核心，在网络化、智能化、数字化的新型工业发展形态的驱动下，搭建工业互联网平台成为促进我国制造业转型升级的核心。工业互联网平台的建设将会对制造业行业的上下游企业、同行业等企业资源进行整合。工业互联网平台利用平台的优势解决企业内部和企业间信息不对称问题，实现企业间各种信息的有效对接，满足企业对数据、技术以及消费者体验的需求，为企业的生产以及管理提供服务。工业互联网平台具有促进生产要素的优化配置、推动各类生产要素的协同创新能力提升的作用，使得研发设计、产品生产、产品销售以及售后服务等业务由传统线下、离散向平台集聚。我国政府也正在大力推动工业互联网发展，加快推进工业互联网平台建设，2017 年国务院印发了《深化"互联网+先进制造业"发展工业互联网的指导意见》，该意见指出工业互联网通过系统构建网络、平台、安全三大功能体系，打造人、机、物全面互联的新型网络基础设施，形成智能化发展的新兴业态和应用模式，是推进制造强国和网络强国建设的重要基础，该意见有助于促进互

联网与制造业融合发展。同时工业和信息化部也对工业互联网发展做了部署，在
2018年工业和信息化部印发的《工业互联网发展行动计划（2018～2020年）》
中，提出到2020年底我国实现"初步建成工业互联网基础设施和产业体系"的
发展目标。

当前工业互联网平台建设正处在快速推进的阶段，工业互联网平台、相关的
各类平台（如：云计算平台、能源大数据平台等）已经在建，有效促进互联网
与制造企业深度融合，但在工业互联网平台建设过程中存在多方面问题：一是各
级政府重复建设。即使是同一省份的不同地市，也存在地市之间各建各的平台，
各地区之间存在重复建设，这是一种资源的不合理配置，同时也会造成各自因对
市场需求了解不充分而带来的平台功能不足问题。二是不同地区的工业互联网平
台之间的标准不统一，"数据孤岛"效应明显。当前各地方建设的网络平台是根
据各自需求进行建设，平台内部和跨平台之间的数据兼容性差，存在"数据孤
岛"现象，导致下一步的数据集成和共享存在困难，弱化了平台的功能，远远没
有达到预期的目标。这造成未来实现平台间的接入和接出存在困难，形成"数据
孤岛"效应，不能有效利用大数据平台带来的作用，降低未来平台的数据应用价
值。三是平台运行机制不健全。当前各地区的工业互联网平台基本是由政府牵头
建设的，基础平台搭建后平台建设企业对尚未形成健全的平台运行机制，后期运
营维护不强。近年来各地方政府均大力推动工业互联网平台建设，工业互联网平
台数量快速增长，但从实际调查发现，大部分工业互联网平台的作用仅是停留在
展示功能上，解决实际问题的作用较弱，并且没有找到重要应用场景，开展业务
量不够，导致盈利能力不足，运营经费依赖政府补贴。

当前政府需要从统一制定工业互联网平台建设规划、制定工业互联网平台建
设标准以及鼓励制造企业积极利用新一代信息技术三方面加强对工业互联网平台
的建设指导，推进工业互联网平台建设成标准统一、全面协同、机制健全的网络
平台。

第一，统一制定工业互联网平台建设规划。政府需要统筹安排，合理规划，
根据地方经济条件和实际需要情况，有计划地在全国建立一批重点工业互联网平

台，同时对关注工业互联网平台建设的社会资本进行积极引导，集中投资重点发力。防止各地在工业互联网平台建设上一拥而上，避免同时建设许多功能相似、无法真正落地的工业互联网平台，造成重复建设和资源浪费。

第二，制定工业互联网平台建设标准。当前各地方政府建设的工业互联网平台没有统一标准，不同地方政府建设的工业互联网平台在接口、平台架构、组织模式等方面存在较大差异，系统之间无法进行信息交换，难以实现平台间的互联互通。因此，亟须政府制定工业互联网平台相关标准，重视相关行业和企业间的数据互联互通，实现数据共建共享。最终建立一个能够打破"数据孤岛"，实现跨行业、跨领域进行工业互联网平台间的信息互通和资源共享，相互联通、资源融合、协调统一的工业互联网平台体系。

第三，鼓励制造企业积极利用新一代信息技术。建成的工业互联网平台因面临应用场景缺乏，导致工业互联网平台盈利能力不足的问题，政府应鼓励制造企业加快对利用新一代信息技术对生产设备进行数字化改造，建设数字化车间，采用网络平台对生产过程、生产数据进行管理。推进制造企业在研发环节、设计环节、生产环节、销售环节和服务环节的智能化、数字化和服务化协同。鼓励企业积极探索利用新一代信息技术进行业务创新，拓宽应用场景，增加对工业互联网平台的使用。

7.2.3 提高技术创新水平

在互联网与制造业融合发展中，我国在许多关键技术方面存在短板，依赖国外技术输出。在智能制造发展过程中涉及工业软件、生产控制系统以及工业互联网的使用，但在这些方面的关键技术我们掌握得还不够，在工业软件方面存在明显短板，工业软件技术水平不高。同时，一些高级工业控制系统更是存在技术劣势，造成我国制造业向智能制造发展进程缓慢。当前，技术创新水平不足已成为制约我国智能制造发展的关键环节，需要我们加强对智能制造相关核心技术和核心零部件的突破，实现自主生产重要软件和关键设备，彻底改变关键技术受制于人的局面，不断提升我国制造业技术创新水平，促进我国制造业智能化转型升级，推进我国制造业由价值链中低端向价值链高端攀升，为制造业转型升级和我国经济高质量发展提供新思路。

面对技术创新水平不足的问题，如何提高技术创新水平，需要政府和企业有效协同。政府需要优化市场创新环境，搭建产学研协同的创新平台，同时发挥企业创新主体作用。只有通过政府与企业的合作，充分发挥政府和企业各自的作用，才能促进创新水平的提高。

第一，优化市场创新环境。良好的创新环境既包含自由竞争的创新氛围、对技术创新的鼓励，同时还包含对技术创新成果的保护，保护创新成果不受侵犯，创新者的权益得到保护。政府在优化市场创新环境时需要重视营造自由竞争环境、鼓励技术创新和完善技术创新成果保护体系两方面。一方面，营造自由竞争环境、鼓励技术创新。良好的创新环境是实现技术创新的基本保障，没有好的创新环境，就难以激发各个创新主体的创新热情。目前，我国大部分地区依然存在市场进入壁垒、地方保护主义等现象，没有全面实现公平竞争的创新环境，遏制了各方主体进行创新活动的积极性。在工业4.0背景下，制造业正处在转型升级的关键阶段，政府需要采取更多措施鼓励社会进行技术创新，进一步营造自由竞争的市场创新环境，并可适当采取鼓励性政策对社会的技术创新行为进行激励。另一方面，完善技术创新成果保护体系。当前我国关于技术创新成果的相关保护不足，特别是在利用互联网推动制造企业转型升级过程中，出现了大量新的创新成果，尤其是关于工业互联网、智能制造等方面的创新成果较多，且部分成果形式较以往创新成果形式存在一定差异，如果创新成果得不到有效保护，将会削弱企业和社会各方技术创新的积极性。政府需要完善技术创新成果保护机制，加强对技术创新成果的保护，尊重知识产权，加大对技术创新成果盗用的个人和集体的处罚力度。同时，鼓励通过多途径实现技术成果的转移转化，提升社会的技术创新活力。

第二，搭建产学研协同创新平台。现有科研成果主要是由科研机构、高等学校与企业等单位创造的，但是当前无论是科研机构、高等学校还是企业，这些单位的创新活动存在多方面不足，包括存在创新能力不足和真正实现产业化科研成果规模较小等问题。因此，在推进制造业转型升级过程中，有必要搭建产学研协同创新平台，充分发挥不同机构之间的合作，加强企业、政府和科研院所之间长期的合作。通过协同创新平台，各方利用各自的强项，推进创新资源的集聚利用，实现创新资源的最大化利用，推进创新能力和产业化水平同步提升。同时，在研发领域方面，明确技术创新方向，补足关键技术短板。鼓励合作机构在人工智能、大数据、云计算等领域联合开展重点技术攻关，推进智能制造的关键软件和零部件的自主研发，促使我国制造业在实现智能制造过程中不再依赖国外的软件购买和设备引进。

第三，发挥企业创新主体作用。在创新过程中，企业直接面对市场，接触用户，企业对市场需求更加了解。在技术创新过程中，企业是技术创新的重要组成部分，应坚持制造企业是创新发展的主体，充分发挥企业作为创新主体的重要作用。随着互联网逐步融入到制造业发展过程中，制造企业出现新的组织模式、新的生产模式、新的研发模式以及新的客户关系，传统的制造企业管理方式和生产流程已经不再适应互联网带来的新变化，作为直接接触市场的制造企业最了解消费者的需求，制造企业可以借助云计算和大数据等新兴技术和手段进行技术创新，根据市场需求变化，及时调整技术创新方向，满足消费者需求。从而通过发挥企业的自主创新作用，不断丰富应用场景，提高技术创新水平。

7.2.4　加强人才引进和培养

经济的发展离不开人才的支撑，在互联网背景下进行转型升级的制造业更是对人才有更高的需求，随着制造业越来越多地利用新一代移动信息技术，加快推进智能制造过程，高素质人才在创新驱动智能制造发展的过程中更是起着至关重要的作用，制造企业需要更多既了解生产制造同时还掌握信息技术的人才。同时从本书的研究结论可知，互联网背景下的制造企业会通过提高劳动力结构水平从而促进制造企业的价值创造，人力资本水平是互联网背景下制造企业价值创造的重要途径。从高水平劳动力的需求与供给结构来看，在需求层面，制造企业转型升级过程中我们需要更多更高水平的劳动力，制造业对高水平劳动力的需求规模在不断增加；在供给层面，我们的高水平劳动力供给规模正在不断增加，但无论是增长速度还是与市场的对接效果均不能满足当前制造业发展需要。通过需求层面和供给层面的分析对比，可知当前制造业发展存在一定的人才约束问题，形成了较大人才缺口，遏制了制造业发展。

要解决人才制约发展问题，各级政府应从人才引进和人才培养两个方面着手。建立并完善智能制造人才引进和培养体系，切实加大人才培养引进和培育力度，高层次人才引进会带动行业内高精尖的技术工艺在本地区多个行业不同程度的应用，同时高层次人才的引进会对地区不同层次人才的引进形成聚焦效应。政府要加强引进和培养与工业互联网、智能制造以及数字经济等相关的专业技术人员和管理人员，为制造业发展强化人才支撑。

第一，加大对高层次人才的引进力度。政府需要不断健全人才引进制度，创新人才引进模式。破除人才引进的制度壁垒，打通人才流动的体制障碍，提高劳动力市场信息流动的灵活性，减少劳动力流动阻碍，提高劳动力就业。传统人才引进特别是高层次人才引进程序繁杂、效率不高，下一步需要简化人才引进的行政审批，由传统的事前报批制度向事后报备制度转变。创新数字经济人才引进模式，发挥人力资源服务机构作用，探索建立更具前沿性、实效性的市场化、柔性化的人才引进模式，引进一大批智能制造业领域的高端人才，为互联网与制造业深度融合发展提供人才保障。

第二，加大人才培养力度，创新人才培养方式。制造业增加对互联网的使用将会越来越多地替代低技能劳动力，提升高技能劳动力需求比例。政府应增加教育和在教育投入支出，加大人才培养力度，满足制造业转型升级中对人才的需求。一是增加对低技能水平在岗职工的再教育，通过短期培育、轮岗、继续教育等模式提高在岗职工对信息化设备、先进工业软件的掌握程度，提高在岗职工的技能水平。二是优化高等院校专业结构。政府应积极引导高校优化专业结构，根据需要适当增设智能制造、人工智能、数字经济等新兴学科专业，加强技术型和创新型人才培养，为社会输送技术性和创新型人才。同时，高校在进行人才培养时，需要整合社会资源，创新培养模式，可采用联合培养、实习培养等方式，政府需要推动和引导高效和企业打造一批具有示范意义的培训基地和实习基地，让人才在理论学习和实践操作中得到锻炼。

7.2.5 完善金融服务体系

制造业发展需要金融支持，尤其是在互联网背景下进行转型升级的制造企业。制造企业采用信息化技术进行改造升级，实现智能制造是一项系统工程，制造企业需要增加大量智能化设备、硬件设施投入，并搭建企业数据网络平台，同时还要增加职工技能培训、引进高技术人才。在该过程中前期需要大量的资金投入，且收益缓慢，短期内还无法实现收益回报，因此制造企业面临资金问题，迫切需要资金支持。然而，在短期盈利效果不明显甚至不盈利的情况下，难以获得银行资本和社会资本投入。

其实，长期以来我国制造业发展一直面临融资难、融资贵的问题。具体表现在以下两个方面：一方面是我国金融资本对实体经济的支持程度偏低，金融市场存在明显的脱实向虚问题，由于房地产和金融业收益更高、回报更快，资本更青睐于金融行业和房地产行业，不容易流入研发和实际生产。而作为实体经济的制造业难以获得信贷资本，造成了对制造行业资金使用的挤压，不利于制造业的发展。另一方面是制造行业中有大量的非国有中小企业，这些企业难以获得资金支持。国有与非国有、大型企业与中小型企业存在融资成本差异，金融机构更愿意将资金贷给国有企业和大型企业，而对非国有和中小型企业的成本和门槛更高，造成非国有企业比国有企业融资成本高、中小型企业比大型企业融资成本高。

为支持制造业发展，我国政府已出台相关政策，但当前财政、金融以及税收等政策还未缓解制造业资金缺口问题，还需要进一步完善金融服务体系，扭转金融资本脱实向虚局面。深化普惠金融政策，降低中小制造企业的融资门槛，化解非国有、中小企业融资难、融资贵的问题，通过政府和市场相结合，多渠道互补解决制造业融资问题。

第一，完善财政、金融以及税收政策体系。政府需要进一步完善金融服务体系，提高金融市场效率，充分发挥金融市场对实体经济的服务作用，逐步解决制造企业融资难、融资贵的问题，为制造业创新发展提供资金保障。政府既需要在网络基础设施建设方面增加政策支持力度，也需要在财政、金融以及税收方面出台工业互联网平台建设、智能制造等制造业发展相关金融支持政策，支持制造企业进行研发创新、信息化改造。最终实现制造业与金融业协同发展。

第二，拓宽制造业金融服务渠道。对制造业的金融服务支持不仅需要政府通过专项资金、引导资金以及奖补资金等方式，同时还需要为需要资金支持的制造企业拓展更多融资渠道，通过多种举措引入社会资金，借助社会资金的力量促进制造企业实现转型升级。设立专项资金定向资助重大技术攻关项目，设立引导资金缓解制造企业信息化改造前期资金短缺状况，积极探索政府资金与社会资金共同参与的合作基金模式，拓展资金来源渠道。

7.3 研究展望

本书以要素配置视角下的互联网对制造企业价值创造的影响为研究主题，分析了互联网如何通过要素配置结构和要素配置效率影响制造企业价值创造，得出了一些结论，但限于笔者的精力和水平，对于研究主题不够深入，留下了一些暂未解决但需要在接下来进一步深入研究的问题：

第一，从要素配置模式视角，分析互联网如何通过要素配置模式影响制造企业价值创造。本书的研究主题是基于要素配置视角揭示互联网与制造企业价值创造的关系，但本书重点研究了要素配置结构和要素配置效率，对于要素配置模式的研究不够。而在实际当中，互联网正在逐步改变制造企业的要素配置模式，要素配置模式对制造企业价值创造的作用应是下一步重点关注的一个问题。因此在进一步的研究中需要从要素配置模式视角探究互联网作用于制造企业价值创造的作用机制。

第二，基于行业视角，从行业层面着手实证分析互联网对制造企业价值创造的影响。本书的研究主要是基于微观层面数据分析互联网对制造企业价值创造的作用机制，但从行业来看，制造业不同行业间对于互联网的使用程度以及通过互联网实现转型升级模式存在显著差异，从而说明行业异质性对互联网作用于制造业价值创造有潜在影响。因此，在进一步的研究中需要从行业视角探究互联网作用于制造企业价值创造的作用机制。

第三，从数据要素视角，分析数据要素对制造企业价值创造的影响。当前我国政府非常重视数据的价值创造，在党的十九届四中全会首次提出"数据"作为生产要素参与收入分配的思想，表明数据在企业价值创造过程中起到了越来越重要的作用。因此，在进一步研究中需要在互联网的基础上继续深化，剖析数据与制造业价值创造间的内在作用机制。

第四，从要素价值形态视角，分析要素配置下的互联网与制造企业价值创造。本书分析在互联网、要素配置结构与制造企业价值创造之间的关系时，研究了基于要素数量形态的劳动力结构和资本劳动力结构下的互联网与制造企业价值创造问题，而没有从要素配置的价值形态进行分析，下一步可从要素价值形态视角进行研究，并关注企业的内源融资和外源融资、流动资产和非流动资产以及融资约束等问题，从而进一步完善要素配置视角下的互联网与制造企业价值创造的研究框架。

参考文献

［1］乌家培．网络经济及其对经济理论的影响［J］．学术研究，2000（1）：4~10．

［2］方燕，刘柱，隆云滔．互联网经济的性质：本质特征和竞争寓意［J］．财经问题研究，2018（10）：31~39．

［3］冯鹏志．网络经济的涵义、特征与发展趋势［J］．理论视野，2001（4）：36~37．

［4］朴炳华．网络经济的内涵及其发展途径［J］．商场现代化，2007（36）：237．

［5］纪玉山．网络经济的崛起：经济学面临的新挑战［J］．经济学动态，1998（5）：3~8．

［6］陶长琪．对网络经济的内涵和特征的探析［J］．企业经济，2002（8）：115~116．

［7］林洁，崔学兰．论网络经济内涵［J］．山西财经大学学报，2000（S2）：23．

［8］何枭吟．数字经济与信息经济、网络经济和知识经济的内涵比较［J］．时代金融，2011（29）：47．

［9］史光明．论网络经济的体系结构［J］．宁夏社会科学，2004（4）：35~38．

［10］ United States Department of Commerce. The emerging digital economy ［M］. US Department of Commerce, 1998.

［11］孙德林, 王晓玲. 数字经济的本质与后发优势 ［J］. 当代财经, 2004 (12): 22~23.

［12］李俊江, 何枭吟. 美国数字经济探析 ［J］. 经济与管理研究, 2005 (7): 13~18.

［13］裴长洪, 倪江飞, 李越. 数字经济的政治经济学分析 ［J］. 财贸经济, 2018, 39 (9): 5~22.

［14］逄健, 朱欣民. 国外数字经济发展趋势与数字经济国家发展战略 ［J］. 科技进步与对策, 2013, 30 (8): 124~128.

［15］赵星. 数字经济发展现状与发展趋势分析 ［J］. 四川行政学院学报, 2016 (4): 85~88.

［16］王思瑶. 数字经济的统计界定及行业分类研究 ［J］. 调研世界, 2020 (1): 4~9.

［17］ Mesenbourg T L. Measuring the digital economy ［J］. US Bureau of the Census, 2001: 1.

［18］ Heeks R. Researching ICT-based enterprise in developing countries: Analytical tools and models ［J］. Development Informatics Working Paper, 2008 (30).

［19］潇秦. 互联网经济知多少? ［J］. 经济管理, 2000 (5): 13~15.

［20］程立茹. 互联网经济下企业价值网络创新研究 ［J］. 中国工业经济, 2013 (9): 82~94.

［21］吴汉洪. 互联网经济的理论与反垄断政策探讨 ［J］. 财经问题研究, 2018 (9): 3~18.

［22］吴瑶, 肖静华, 谢康等. 从价值提供到价值共创的营销转型——企业与消费者协同演化视角的双案例研究 ［J］. 管理世界, 2017 (4): 138~157.

［23］ Felson M, Spaeth J L. Community structure and collaborative consumption: A routine activity approach ［J］. American Behavioral Scientist, 1978, 21 (4):

23～30.

［24］Belk R. You are what you can access：Sharing and collaborative consumption online ［J］. Journal of Business Research，2014，67（8）：1595～1600.

［25］Belk R. Sharing versus pseudo-sharing in Web 2.0 ［J］. The Anthropologist，2014，18（1）：7～23.

［26］Botsman R，Rogers R. What's mine is yours ［J］. The Rise of Collaborative Consumption，2010.

［27］郑志来．共享经济的成因、内涵与商业模式研究 ［J］．理论参考，2016（9）：14～16.

［28］郑新业．从"互联网经济"的特征谈起 ［J］．经济管理，2000（5）：24～26.

［29］Marshall J. Internet politics in an information economy ［J］. Fibreculture Journal，2003.

［30］Calzada J，Tselekounis M. Net neutrality in a hyperlinked Internet economy ［J］. International Journal of Industrial Organization，2018（59）：190～221.

［31］朱富强．深刻理解互联网经济：特征、瓶颈和困境 ［J］．福建论坛（人文社会科学版），2016（5）：22～30.

［32］赵立昌．互联网经济与我国产业转型升级 ［J］．当代经济管理，2015，37（12）：54～59.

［33］陆峰．互联网新经济与实体经济共振发展 ［J］．互联网经济，2017（3）：34～37.

［34］李海舰，田跃新，李文杰．互联网思维与传统企业再造 ［J］．中国工业经济，2014（10）：135～146.

［35］李晓华．数字经济新特征与数字经济新动能的形成机制 ［J］．改革，2019（11）：40～51.

［36］杨慧玲，张力．数字经济变革及其矛盾运动 ［J］．当代经济研究，2020（1）：22～34.

［37］荆文君，孙宝文．数字经济促进经济高质量发展：一个理论分析框架［J］．经济学家，2019（2）：66~73．

［38］王姝楠，陈江生．数字经济的技术——经济范式［J］．上海经济研究，2019（12）：80~94．

［39］杨佩卿．数字经济的价值、发展重点及政策供给［J］．西安交通大学学报（社会科学版），2020（2）：1~16．

［40］阚凤云，陈璋，胡国良．互联网经济的规模和对各行业的影响——基于全球10大经济体比较研究［J］．现代管理科学，2016（11）：6~8．

［41］林涛．生产力视角下的互联网经济初探［J］．马克思主义研究，2016（11）：44~53．

［42］邢娟红．互联网经济何以高质量发展［J］．人民论坛，2018（22）：98~99．

［43］陈德余，汤勇刚．大数据背景下产业结构转型升级研究［J］．科技管理研究，2017，37（1）：128~132．

［44］纪玉俊，张彦彦．互联网+背景下的制造业升级：机理及测度［J］．中国科技论坛，2017（3）：50~57．

［45］徐伟呈，范爱军．互联网技术驱动下制造业结构优化升级的路径——来自中国省际面板数据的经验证据［J］．山西财经大学学报，2018，40（7）：45~57．

［46］黄智，万建香．"互联网+"与工业产业结构升级的影响研究——以上海市为例［J］．科技管理研究，2018，38（17）：81~87．

［47］许家云．互联网如何影响工业结构升级？——基于互联网商用的自然实验［J］．统计研究，2019，36（12）：55~67．

［48］吕明元，陈磊．"互联网+"对产业结构生态化转型影响的实证分析——基于上海市2000—2013年数据［J］．上海经济研究，2016（9）：110~121．

［49］郭朝晖，靳小越．"互联网+"行动驱动产业结构变迁的实证研究——

基于 2005—2014 年长江经济带面板数据［J］．产经评论，2017，8（4）：14~24.

［50］惠宁，周晓唯．互联网驱动产业结构高级化效应分析［J］．统计与信息论坛，2016，31（10）：54~60.

［51］黄阳华，林智，李萌．"互联网+"对我国制造业转型升级的影响［J］．中国党政干部论坛，2015（7）：73~75.

［52］童有好．"互联网+制造业服务化"融合发展研究［J］．经济纵横，2015（10）：62~67.

［53］范黎波．互联网对企业边界的重新界定［J］．当代财经，2004（3）：17~22.

［54］齐永智，张梦霞．互联网时代的无边界零售［J］．中国流通经济，2015，29（5）：55~61.

［55］刘长硕．互联网、企业边界与市场一体化［D］．山东大学，2016.

［56］李晓华．"互联网+"改造传统产业的理论基础［J］．经济纵横，2016（3）：57~63.

［57］姚国章，余星．"互联网+"与物流业的融合发展研究［J］．南京邮电大学学报（自然科学版），2017，37（2）：57~67.

［58］于佳宁．"互联网+"的三个重要发展方向［J］．物联网技术，2015，5（4）：3~4.

［59］张福，邬丽萍．"互联网+工业"融合发展下的路径选择——基于产业链升级的角度［J］．科技与经济，2016，29（5）：10~14.

［60］王喜文．"互联网+工业"开创制造业新思维［J］．物联网技术，2015，5（7）：5.

［61］邵安菊．互联网与制造业融合发展的几个关键问题［J］．经济纵横，2017（1）：74~77.

［62］唐德淼．科业变革和互联网渗透下的产业融合［J］．科研管理，2015，36（S1）：453~458.

［63］冯飞．制造业与互联网融合的浙江探索和实践［J］．行政管理改革，2017（1）：21~24.

［64］Hu S J. Evolving paradigms of manufacturing：From mass production to mass customization and personalization［J］．Procedia CIRP，2013（7）：3~8.

［65］李强，史志强，闫洪波等．基于云制造的个性化定制生产模式研究［J］．工业技术经济，2016，35（4）：94~100.

［66］权锡鉴，杜元伟．"互联网+"下大规模个性化定制产品的三元证据融合配置方法［J］．科技进步与对策，2016，33（21）：83~89.

［67］Linnarsson H，Werr A. Overcoming the innovation-alliance paradox：A case study of an explorative alliance［J］．European Journal of Innovation Management，2004，7（1）：45~55.

［68］Sampson R C. R&D alliances and firm performance：The impact of technological diversity and alliance organization on innovation［J］．Academy of Management Journal，2007，50（2）：364~386.

［69］Gay B，Dousset B. Innovation and network structural dynamics：Study of the alliance network of a major sector of the biotechnology industry［J］．Research Policy，2005，34（10）：1457~1475.

［70］Phelps C C. A longitudinal study of the influence of alliance network structure and composition on firm exploratory innovation［J］．Academy of Management Journal，2010，53（4）：890~913.

［71］张敬文，吴昌南，谢翔．战略性新兴产业联盟网络企业间知识共享策略研究［J］．宏观经济研究，2014（12）：104~111.

［72］Estellés-Arolas E，González-Ladrón-De-Guevara F. Towards an integrated crowdsourcing definition［J］．Journal of Information Science，2012，38（2）：189~200.

［73］Brabham D C. Crowdsourcing as a model for problem solving：An introduction and cases［J］．Convergence，2008，14（1）：75~90.

［74］Lee S，Park G，Yoon B，et al. Open innovation in SMEs—An intermediated network model［J］. Research Policy，2010，39（2）：290~300.

［75］张伯旭，李辉. 推动互联网与制造业深度融合——基于"互联网+"创新的机制和路径［J］. 经济与管理研究，2017，38（2）：87~96.

［76］邢纪红，王翔. 传统制造企业"互联网+"商业模式创新的结构特征及其实现路径研究［J］. 世界经济与政治论坛，2017（2）：70~90.

［77］揭筱纹，罗莹. 我国新型制造业的特征及其构建路径研究［J］. 理论与改革，2016（4）：184~188.

［78］陶永，王田苗，李秋实等. 基于"互联网+"的制造业全生命周期设计、制造、服务一体化［J］. 科技导报，2016，34（4）：45~49.

［79］吴阳芬. "互联网+"时代制造业转型升级新模式、路径与对策研究［J］. 特区经济，2016（7）：139~141.

［80］吕朋辉，张媛萍. 两化融合背景下制造业竞争力的提升路径［J］. 企业改革与管理，2017（4）：3~4.

［81］Tao F，Zhang L，Venkatesh V C，et al. Cloud manufacturing：A computing and service－oriented manufacturing model［J］. Proceedings of the Institution of Mechanical Engineers，Part B：Journal of Engineering Manufacture，2011，225（10）：1969~1976.

［82］Daaboul J，Da Cunha C，Bernard A，et al. Design for mass customization：Product variety vs. process variety［J］. CIRP Annals－Manufacturing Technology，2011，60（1）：169~174.

［83］宋海燕. 多视角下的企业价值创造［J］. 统计与决策，2012（24）：196~198.

［84］吴照云，王宇露. 企业文化与企业竞争力——一个基于价值创造和价值实现的分析视角［J］. 中国工业经济，2003（12）：79~84.

［85］刘国亮，冯立超，刘佳. 企业价值创造与获取研究——基于价值网络［J］. 学习与探索，2016（12）：124~127.

［86］盛亚，徐璇，何东平．电子商务环境下零售企业商业模式：基于价值创造逻辑［J］．科研管理，2015，36（10）：122～129．

［87］胡宗良．企业创新的本质是价值创造［J］．经济纵横，2007（1）：68～70．

［88］Zott C，Amit R. Business model design：An activity system perspective［J］. Long Range Planning，2010，43（2－3）：216～226．

［89］王昶，孙桥，徐尖等．双重嵌入视角下的集团总部价值创造机理研究——基于时代集团的案例研究［J］．管理评论，2019，31（3）：279～294．

［90］李粮．价值创造、信息传递与企业系统和谐度关系研究——基于期间费用支出有效性发挥的视角［J］．经济问题，2019（3）：104～113．

［91］杜剑，于芝麦．上市公司并购交易中的成本粘性和价值创造［J］．现代财经（天津财经大学学报），2018，38（9）：61～76．

［92］Styles C W，Goddard J. Spinning the wheel of strategic innovation［J］. Business Strategy Review，2004，15（2）：63～72．

［93］Lins K V. Equity ownership and firm value in emerging markets［J］. Journal of Financial and Quantitative Analysis，2003，38（1）：159～184．

［94］Maury B，Pajuste A. Multiple large shareholders and firm value［J］. Journal of Banking & Finance，2005，29（7）：1813～1834．

［95］杨蕙馨，张金艳．颠覆性技术应用何以创造价值优势？——基于商业模式创新视角［J］．经济管理，2019，41（3）：21～37．

［96］阮素梅，丁忠明，刘银国等．上市公司价值创造能力异质性——基于二元选择分位数回归模型的研究［J］．经济理论与经济管理，2014（1）：75～86．

［97］阮素梅，杨善林．上市公司价值创造能力：所有制与控制权的配合效应［J］．江淮论坛，2013（5）：41～48．

［98］卢福财．基于交易收益的网络组织效率分析［J］．管理世界，2005（10）：157～158．

［99］卢福财，周鹏．企业间网络是合作创新的有效组织形式［J］．当代财经，2006（9）：53~57．

［100］杨学成，陶晓波．社会化商务背景下的价值共创研究——柔性价值网的视角［J］．管理世界，2015（8）：170~171．

［101］张荣光，黄佳媛，陈雨心．环境管制、市场竞争与企业价值［J］．财经论丛，2018（10）：104~112．

［102］Husted B W，Allen D B．Strategic corporate social responsibility and value creation among large firms：Lessons from the Spanish experience［J］．Long Range Planning，2007，40（6）：594~610．

［103］刘建秋，宋献中．社会责任、信誉资本与企业价值创造［J］．财贸研究，2010，21（6）：133~138．

［104］Barua A，Whinston A B，Yin F．Value and productivity in the Internet economy［J］．Computer，2000，33（5）：102~105．

［105］罗珉，李亮宇．互联网时代的商业模式创新：价值创造视角［J］．中国工业经济，2015（1）：95~107．

［106］王水莲，李志刚，杜莹莹．共享经济平台价值创造过程模型研究——以滴滴、爱彼迎和抖音为例［J］．管理评论，2019，31（7）：45~55．

［107］邵洪波，王诗桪．共享经济与价值创造——共享经济的经济学分析［J］．中国流通经济，2017，31（10）：100~109．

［108］郑云坚，梁晗，朱春玲．共享经济的价值创造新范式探究——基于价值网络视角［J］．现代管理科学，2017（8）：103~105．

［109］余义勇，杨忠．价值共创的内涵及其内在作用机理研究述评［J］．学海，2019（2）：165~172．

［110］王素云，沈桂龙．制造业服务化内涵重释：从价值增值到价值创造［J］．学习与探索，2019（10）：128~134．

［111］Vargo S L，Maglio P P，Akaka M A．On value and value co-creation：A service systems and service logic perspective［J］．European Management Journal，

2008, 26 (3): 145~152.

[112] 李靖华, 马江璐, 瞿庆云. 授人以渔, 还是授人以鱼——制造服务化价值创造逻辑的探索式案例研究 [J]. 科学学与科学技术管理, 2019, 40 (7): 43~60.

[113] Chesbrough H W. Open innovation: The new imperative for creating and profiting from technology [M]. Harvard Business Press, 2003.

[114] 董洁林, 陈娟. 互联网时代制造商如何重塑与用户的关系——基于小米商业模式的案例研究 [J]. 中国软科学, 2015 (8): 22~33.

[115] 金帆. 价值生态系统: 云经济时代的价值创造机制 [J]. 中国工业经济, 2014 (4): 97~109.

[116] 曾经莲, 简兆权. 互联网环境下产品服务系统研究: 企业—顾客—环境价值共创视角 [J]. 中国科技论坛, 2017 (8): 87~93.

[117] 冯小亮, 牟宇鹏, 丁刚. 共享经济时代企业顾客协同价值创造模式研究 [J]. 华东经济管理, 2018, 32 (6): 148~156.

[118] 韩江波, 彭仁贤. 产业升级的要素配置机理: 亚洲案例 [J]. 学习与实践, 2011 (10): 12~21.

[119] 韩江波. 基于要素配置结构的产业升级研究 [J]. 首都经济贸易大学学报, 2011, 13 (1): 29~38.

[120] 韩江波, 李超. 产业演化路径的要素配置效应: 国际案例与中国选择 [J]. 经济学家, 2013 (5): 39~49.

[121] 王鹏, 尤济红. 产业结构调整中的要素配置效率——兼对"结构红利假说"的再检验 [J]. 经济学动态, 2015 (10): 70~80.

[122] 史丹, 张成. 中国制造业产业结构的系统性优化——从产出结构优化和要素结构配套视角的分析 [J]. 经济研究, 2017, 52 (10): 158~172.

[123] 张杰. 中国制造业要素配置效率的测算、变化机制与政府干预效应 [J]. 统计研究, 2016, 33 (3): 72~79.

[124] 刘翔峰, 刘强. 要素市场化配置改革研究 [J]. 宏观经济研究,

2019（12）：34~47.

［125］王强，王健，车维汉．适宜制度对要素配置效率的影响——基于跨国数据的实证分析［J］．财经研究，2015，41（12）：107~117.

［126］苏锦红，兰宜生，夏怡然．异质性企业全要素生产率与要素配置效率——基于1999—2007年中国制造业企业微观数据的实证分析［J］．世界经济研究，2015（11）：109~117.

［127］童有好．论"互联网+"对制造业的影响［J］．现代经济探讨，2015（9）：25~29.

［128］王娟．数字经济驱动经济高质量发展：要素配置和战略选择［J］．宁夏社会科学，2019（5）：88~94.

［129］赵伟，赵嘉华．互联网应用与我国技术进步的要素偏向［J］．浙江社会科学，2019（7）：4~13.

［130］Kuhn P，Skuterud M. Internet job search and unemployment durations［J］. American Economic Review，2004，94（1）：218~232.

［131］Akerman A，Gaarder I，Mogstad M. The skill complementarity of broadband internet［J］. The Quarterly Journal of Economics，2015，130（4）：1781~1824.

［132］毛宇飞，曾湘泉，祝慧琳．互联网使用、就业决策与就业质量——基于CGSS数据的经验证据［J］．经济理论与经济管理，2019（1）：72~85.

［133］王磊．互联网对中国劳动就业的双重效应及其完善［J］．山东社会科学，2019（12）：91~95.

［134］李飚．互联网使用、技能异质性与劳动收入［J］．北京工商大学学报（社会科学版），2019，34（5）：104~113.

［135］赵建国，周德水．互联网使用对大学毕业生就业的影响——来自CGSS数据的经验分析［J］．社会保障研究，2019（3）：72~81.

［136］毛宇飞，曾湘泉．互联网使用是否促进了女性就业——基于CGSS数据的经验分析［J］．经济学动态，2017（6）：21~31.

［137］宁光杰，马俊龙．互联网使用对女性劳动供给的影响［J］．社会科

学战线，2018（2）：75~83.

[138] 马俊龙，宁光杰．互联网与中国农村劳动力非农就业［J］．财经科学，2017（7）：50~63.

[139] 金辉，李秋浩．资本结构、成长性与中小企业价值——基于面板门槛模型的实证研究［J］．商业研究，2015（2）：144~151.

[140] 毕皖霞，徐文学．对资本结构与企业价值相关性的实证研究［J］．统计与决策，2005（12）：129~130.

[141] 李露．资本结构与企业价值的倒 U 型关系研究——基于企业风险承担的中介效应［J］．江苏社会科学，2016（3）：109~115.

[142] 肖宇，田侃．融资杠杆率与中国企业全球价值链攀升［J］．经济管理，2020（3）：1~17.

[143] 王燕妮，杨慧．融资方式、资本化研发选择与企业价值［J］．预测，2018，37（2）：44~49.

[144] 陈旭，哈今华．企业资本要素配置对企业业绩的影响——基于沪市 A 股上市公司的数据［J］．求索，2016（9）：133~138.

[145] 许秀梅．技术资本、人力资本与企业价值——异质性视角的微观检验［J］．山西财经大学学报，2016，38（4）：13~24.

[146] 孙晶．技术资本对企业价值及其差异影响——基于创新型企业的实证研究［J］．科研管理，2019，40（9）：120~129.

[147] 程虹，王楚，余凡．劳动技能结构与企业全要素生产率——基于中国企业—员工匹配调查数据的实证研究［J］．中南民族大学学报（人文社会科学版），2016，36（5）：137~144.

[148] 纪雯雯，赖德胜．人力资本、配置效率及全要素生产率变化［J］．经济与管理研究，2015，36（6）：45~55.

[149] Acemoglu D，Restrepo P. The race between man and machine：Implications of technology for growth，factor shares，and employment［J］．American Economic Review，2018，108（6）：1488~1542.

［150］黄文波，王浣尘，张文桥．Internet 产生的经济及社会效应［J］．中国工业经济，2000（11）：11~15.

［151］徐茜茜，朱进．国际互联网发展概述［J］．公安大学学报，1998（2）：97~101.

［152］苏治，荆文君，孙宝文．分层式垄断竞争：互联网行业市场结构特征研究——基于互联网平台类企业的分析［J］．管理世界，2018，34（4）：80~100.

［153］万兴，杨晶．互联网平台选择、纵向一体化与企业绩效［J］．中国工业经济，2017（7）：156~174.

［154］孙浦阳，张靖佳，姜小雨．电子商务、搜寻成本与消费价格变化［J］．经济研究，2017，52（7）：139~154.

［155］岳云嵩，李兵．电子商务平台应用与中国制造业企业出口绩效——基于"阿里巴巴"大数据的经验研究［J］．中国工业经济，2018（8）：97~115.

［156］宋华，卢强．基于虚拟产业集群的供应链金融模式创新：创捷公司案例分析［J］．中国工业经济，2017（5）：172~192.

［157］王如玉，梁琦，李广乾．虚拟集聚：新一代信息技术与实体经济深度融合的空间组织新形态［J］．管理世界，2018，34（2）：13~21.

［158］韩先锋，宋文飞，李勃昕．互联网能成为中国区域创新效率提升的新动能吗［J］．中国工业经济，2019（7）：119~136.

［159］陈国亮，唐根年．基于互联网视角的二三产业空间非一体化研究——来自长三角城市群的经验证据［J］．中国工业经济，2016（8）：76~92.

［160］卢福财，徐远彬．互联网对制造业劳动生产率的影响研究［J］．产业经济研究，2019（4）：1~11.

［161］黄群慧，余泳泽，张松林．互联网发展与制造业生产率提升：内在机制与中国经验［J］．中国工业经济，2019（8）：5~23.

［162］江小涓．高度联通社会中的资源重组与服务业增长［J］．经济研究，2017，52（3）：4~17.

［163］卢福财，徐远彬．互联网对生产性服务业发展的影响——基于交易成本的视角［J］．当代财经，2018（12）：92～101．

［164］杨德明，刘泳文．"互联网+"为什么加出了业绩［J］．中国工业经济，2018（5）：80～98．

［165］张骁，吴琴，余欣．互联网时代企业跨界颠覆式创新的逻辑［J］．中国工业经济，2019（3）：156～174．

［166］别晓竹，侯光明．企业价值创造能力分析框架研究［J］．商业时代，2005（29）：24～25．

［167］陈艳利，姜艳峰．国有资本经营预算制度、过度负债与企业价值创造［J］．财经问题研究，2017（2）：43～51．

［168］李连燕，张东廷．高新技术企业智力资本价值创造效率的影响因素分析——基于研发投入、行业竞争与内部现金流的角度［J］．数量经济技术经济研究，2017，34（5）：55～71．

［169］戚聿东，张任之．金融资产配置对企业价值影响的实证研究［J］．财贸经济，2018，39（5）：38～52．

［170］黄剑辉．构建中国经济中长期可持续发展的新型驱动力——以新制度供给提升要素配置效率拓展市场空间［J］．财政研究，2014（10）：12～16．

［171］金培振，张亚斌，邓孟平．区域要素市场分割与要素配置效率的时空演变及关系［J］．地理研究，2015，34（5）：953～966．

［172］胡贝贝，王胜光，段玉厂．互联网引发的新技术——经济范式解析［J］．科学学研究，2019，37（4）：582～589．

［173］马骏，张永伟，袁东明等．万物互联和智能化趋势下的企业变革、产业变革及制度供给［M］．北京：中国发展出版社，2018．

［174］冯小亮，吴继研，王殿文．众包模式及其奖金策略研究［J］．广东财经大学学报，2018，33（4）：15～26．

［175］彭凯平，刘世群，倪士光．移动互联网时代的社会科学研究工具：众包的争议与发展［J］．西北师大学报（社会科学版），2018，55（3）：

113~123.

[176] 庄涛, 吴洪, 胡春. 高技术产业产学研合作创新效率及其影响因素研究——基于三螺旋视角 [J]. 财贸研究, 2015, 26 (1): 55~60.

[177] 董锋, 树琳, 李靖云等. 产学研协同创新效率及提升路径研究 [J]. 运筹与管理, 2018, 27 (10): 185~192.

[178] 余元春, 顾新, 陈一君. 产学研技术转移"黑箱"解构及效率评价 [J]. 科研管理, 2017, 38 (4): 28~37.

[179] 王晓晨. 构建我国新兴战略产学研联盟机制的若干建议 [J]. 中国高校科技, 2017 (10): 78~80.

[180] 赵轩维, 夏恩君, 李森. 网络众包参与者创造力影响因素研究 [J]. 科研管理, 2019, 40 (7): 192~205.

[181] Pine B J, Victor B, Boynton A C. Making mass customization work [J]. Harvard Business Review, 1993, 71 (5): 108~111.

[182] Eastwood M A. Implementing mass customization [J]. Computers in Industry, 1996, 30 (3): 171~174.

[183] 李君, 成雨, 窦克勤等. 互联网时代制造业转型升级的新模式现状与制约因素 [J]. 中国科技论坛, 2019 (4): 68~77.

[184] Normann R, Ramirez R. From value chain to value constellation: Designing interactive strategy [J]. Harvard Business Review, 1993, 71 (4): 65~77.

[185] 张罡, 王宗水, 赵红. 互联网+环境下营销模式创新: 价值网络重构视角 [J]. 管理评论, 2019, 31 (3): 94~101.

[186] Rangaswamy A, Van Bruggen G H. Opportunities and challenges in multichannel marketing: An introduction to the special issue [J]. Journal of Interactive Marketing, 2005, 19 (2): 5~11.

[187] 宋锦, 李曦晨. 行业投资、劳动力技能偏好与产业转型升级 [J]. 世界经济, 2019, 42 (5): 145~167.

[188] 石喜爱, 李廉水, 程中华等. "互联网+"对中国制造业价值链攀升

的影响分析 [J]．科学学研究，2018，36（8）：1384~1394.

[189] 卢福财，金环．互联网对制造业价值链升级的影响研究——基于出口复杂度的分析 [J]．现代经济探讨，2019（2）：89~97.

[190] 金咪娜．OFDI 逆向技术溢出对价值链地位提升的影响研究 [D]．东华大学，2017.

[191] 韩自然，芮明杰．要素结构、信息化与地区产业体系优化——基于省际面板的实证研究 [J]．技术经济，2019，38（6）：46~57.

[192] 韩自然，刘明宇，芮明杰．信息化水平对生产率的直接效应和间接效应——劳动力技能结构的中介作用 [J]．技术经济，2017，36（7）：56~65.

[193] 王一晨．运用工业互联网推动中国制造业转型升级 [J]．中州学刊，2019（4）：26~30.

[194] 张三峰，魏下海．信息与通信技术是否降低了企业能源消耗——来自中国制造业企业调查数据的证据 [J]．中国工业经济，2019（2）：155~173.

[195] 陈志祥，迟家昱．制造业升级转型模式、路径与管理变革——基于信息技术与运作管理的探讨 [J]．中山大学学报（社会科学版），2016，56（4）：180~191.

[196] 王海杰，宋姗姗．互联网背景下制造业平台型企业商业模式创新研究——基于企业价值生态系统构建的视角 [J]．管理学刊，2019，32（1）：43~54.

[197] 赵西三．数字经济驱动中国制造转型升级研究 [J]．中州学刊，2017（12）：36~41.

[198] 曹正勇．数字经济背景下促进我国工业高质量发展的新制造模式研究 [J]．理论探讨，2018（2）：99~104.

[199] 王永进，匡霞，邵文波．信息化、企业柔性与产能利用率 [J]．世界经济，2017，40（1）：67~90.

[200] Baron R M, Kenny D A. The moderator-mediator variable distinction in social psychological research: Conceptual, strategic, and statistical considerations

［J］. Journal of Personality and Social Psychology, 1986, 51（6）: 1173.

［201］温忠麟, 叶宝娟. 中介效应分析: 方法和模型发展［J］. 心理科学进展, 2014, 22（5）: 731~745.

［202］陈艳利, 梁田, 徐同伟. 国有资本经营预算制度、管理层激励与企业价值创造［J］. 山西财经大学学报, 2018, 40（6）: 89~100.

［203］冉秋红, 白春亮. 信息技术投资、智力资本动态变化与企业绩效——基于中国上市公司的经验证据［J］. 科技管理研究, 2017, 37（16）: 229~235.

［204］郭家堂, 骆品亮. 互联网对中国全要素生产率有促进作用吗?［J］. 管理世界, 2016（10）: 34~49.

［205］刘斌, 顾聪. 互联网是否驱动了双边价值链关联［J］. 中国工业经济, 2019（11）: 98~116.

［206］李琳, 周一成. "互联网+"是否促进了中国制造业发展质量的提升? ——来自中国省级层面的经验证据［J］. 中南大学学报（社会科学版）, 2019, 25（5）: 71~79.

［207］沈国兵, 袁征宇. 企业互联网化对中国企业创新及出口的影响［J］. 经济研究, 2020（1）: 33~48.

［208］王可, 李连燕. "互联网+"对中国制造业发展影响的实证研究［J］. 数量经济技术经济研究, 2018, 35（6）: 3~20.

［209］何小钢, 梁权熙, 王善骝. 信息技术、劳动力结构与企业生产率——破解"信息技术生产率悖论"之谜［J］. 管理世界, 2019, 35（9）: 65~80.

［210］何小钢, 冯大威, 华梦清. 信息通信技术、决策模式转型与企业生产率——破解索洛悖论之谜［J］. 山西财经大学学报, 2020, 42（3）: 87~98.

［211］杨德明, 陆明. 互联网商业模式会影响上市公司审计费用么?［J］. 审计研究, 2017（6）: 84~90.

［212］杨德明, 毕建琴. "互联网+"、企业家对外投资与公司估值［J］. 中国工业经济, 2019（6）: 136~153.

［213］文雁兵, 陆雪琴. 中国劳动收入份额变动的决定机制分析——市场竞

争和制度质量的双重视角 [J]. 经济研究，2018，53（9）：83~98.

[214] 孙早，刘李华. 资本深化与行业全要素生产率增长——来自中国工业 1990—2013 年的经验证据 [J]. 经济评论，2019（4）：3~16.

[215] 毛丰付，潘加顺. 资本深化、产业结构与中国城市劳动生产率 [J]. 中国工业经济，2012（10）：32~44.

[216] 程锐，马莉莉，张燕等. 企业家精神、要素配置效率与制造业出口升级 [J]. 产业经济研究，2019（6）：89~101.

[217] 李雪松，赵宸宇，聂菁. 对外投资与企业异质性产能利用率 [J]. 世界经济，2017，40（5）：73~97.

[218] Brynjolfsson E, Hitt L. Information technology as a factor of production: The role of differences among firms [J]. Economics of Innovation and New Technology, 1995, 3 (3-4): 183~200.

[219] Brynjolfsson E, Hitt L. Paradox lost? Firm-level evidence on the returns to information systems spending [J]. Management Science, 1996, 42 (4): 541~558.

[220] Bloom N, Sadun R, Van Reenen J. Americans do IT better: US multinationals and the productivity miracle [J]. American Economic Review, 2012, 102 (1): 167~201.